LA SPÉCIALISATION DES JURIDICTIONS EN MATIÈRE ENVIRONNEMENTALE

BIBLIOTHÈQUE*S* DE DROIT

COLLECTION FONDÉE ET DIRIGÉE PAR JEAN-PAUL CÉRÉ

Cette collection a pour vocation d'assurer la diffusion d'ouvrages scientifiques sur des thèmes d'actualité ou sur des sujets peu explorés dans le domaine des sciences juridiques. Elle se destine notamment à la publication de travaux de jeunes chercheurs.

Dernières parutions :

Nathalie FOURNIER DE CROUY, *Pour une justice réparatrice. Repenser la fonction de juger à l'aune de la médiation*, 2025.
M. GIACOPELLI et J.-P. CÉRÉ (dir.), *Le rôle de l'assesseur citoyen devant la commission de discipline en prison*, 2024.
G. DELI, *Juste vivre. Vers une théorie juridique éthique*, 2023.
E. GINDRE (dir.), *La dignité des personnes détenues dans les prisons des Outre-Mer,* 2023.
M. Dos Santos, *La gravité en droit international pénal. Une notion insaisissable et instrumentalisée*, 2023.
C. MÉNABÉ et J. LEONHARD (dir.), *Réinsérer les femmes et les mineurs face au soupçon de danger terroriste.*

P. KEUBOU, *La procédure pénale au Cameroun.*

C. MENABE et J. LEONHARD (dir.), *Femmes, mineurs et terrorisme.*

J. FALXA (dir.), *Coopération judiciaire internationale en matière pénale. France, Brésil, Suriname*

N. JOUENNE-PEYRAT, *L'encadrement pénal de la prostitution des mineurs.*

J-P. CERE, *Droit disciplinaire pénitentiaire, 2e édition*, 2020.

A. CHARRUAU, *L'avenir du juge unique.*

M. MANET*, Le devenir juridique de la dignité. Une étude de la Charte africaine des droits de l'homme et des peuples.*

M. GALIMMARD, *L'incrimination de la zoophilie.*

M. PELTIER-HENRY, *Le droit pénal à l'épreuve des neurosciences.*

T. TOUZEAU, *Recel et blanchiment. Nouvelles sources de cumul de qualifications.*

Camille Coudry

LA SPÉCIALISATION DES JURIDICTIONS EN MATIÈRE ENVIRONNEMENTALE

L'Harmattan

5-7, rue de l'École-Polytechnique – 75005 Paris
www.editions-harmattan.fr
ISBN : 978-2-336-50869-6
EAN : 9782336508696

« Les opinions exprimées dans ce mémoire sont propres à leur auteur et n'engagent pas l'Université de Bordeaux ».

À mamie Germaine,

REMERCIEMENTS

Je tiens tout d'abord à adresser mes sincères remerciements à Madame la Professeure Aurélie Bergeaud-Wetterwald pour avoir accepté de diriger ce mémoire ainsi que pour ses conseils, son accompagnement et sa disponibilité tout au long de la préparation de ce travail.

Je remercie également Monsieur Julien Lagoutte pour notre entretien enrichissant autour de ce sujet, sa disponibilité et la richesse des lectures qu'il m'a conseillées.

Par ailleurs, je tiens également à remercier Monsieur le Professeur Alexandre Zabalza qui a fait germer en moi l'idée de m'intéresser au droit de l'environnement au cours de ses enseignements en Philosophie du droit.

Je voudrais aussi adresser mes remerciements à Monsieur Martin Viver-Darviot pour les documents auxquels il m'a permis d'accéder, les réponses à mes questions et notre échange inspirant.

J'aimerais ensuite faire part de ma reconnaissance à l'ensemble de l'équipe pédagogique du Master Justice Procès Procédure pour la qualité de ses enseignements. Je remercie en particulier ses directrices — Mesdames les Professeures Aurélie Bergeaud-Wetterwald et Évelyne Bonis — qui m'ont permis d'intégrer cette formation très enrichissante et m'ont fait confiance en m'accordant en amont une année de césure.

Pour leurs nombreux conseils je remercie mes amies : Alizée Miranda et tout particulièrement Inès Achard pour ses relectures attentives et ses encouragements. Elles ont toutes deux été d'un appui certain durant ce processus de rédaction, mais également au cours de l'ensemble de mon cursus universitaire.

Mes derniers remerciements sont à l'attention de ma famille pour leur soutien inconditionnel au cours de ces cinq années d'étude me permettant de dépasser mes limites et atteindre mes objectifs. Ce mémoire est également le vôtre.

SIGLES ET ABRÉVIATIONS

Art.	Article
Cass. 1re civ.	Cour de cassation, première chambre civile
Cass. 2e civ.	Cour de cassation, deuxième chambre civile
Cass. 3e civ.	Cour de cassation, troisième chambre civile
Cass. Ass. plén.	Cour de cassation, assemblée plénière
Cass. Crim.	Cour de cassation, chambre criminelle
C. civ.	Code civil
CEDH	Cour européenne des droits de l'homme
C. envir.	Code de l'environnement
Ch. corr.	Chambre correctionnelle
CIJ	Cour internationale de justice
CJCE	Cour de justice de la Communauté européenne
CJUE	Cour de justice de l'Union européenne
CJIPE	Convention judiciaire d'intérêt public environnementale
C. Minier	Code minier
COJ	Code de l'organisation judiciaire
C. pén.	Code pénal
CPP	Code de procédure pénale
C. rur.	Code rural et de la pêche maritime
D.	Recueil Dalloz

Dr. pén.	Droit pénal
ENM	École Nationale de la Magistrature
Ibid	Même auteur et même oeuvre que la note de bas de page précédente
Infra	Plus bas / ci-dessous
JIRS	Juridictions interrégionales spécialisées
JULIS	Juridictions du littoral spécialisées
JUNALCO	Juridiction nationale chargée de la lutte contre la criminalité organisée
Op. cit.	Dernière oeuvre cité de cet auteur
PNAT	Parquet national antiterroriste
PNF	Parquet national financier
PRE	Pôles régionaux spécialisés en matière d'atteinte à l'environnement
PSPE	Pôles santé publique et environnement
PUF	Presses Universitaires de France
RJA	Revue Justice Actualités
Supra	Plus haut / ci-dessus
TA	Tribunal administratif
T. Confl.	Tribunal des conflits
TGI	Tribunal de grande instance
TJ	Tribunal judiciaire
V.	Voir

SOMMAIRE

SOMMAIRE

INTRODUCTION

1. Utopie et réalité – « Les plus sympathiques parleront de gentille utopie, les plus méchants d'ignorance profonde des règles et de leur incompatibilité »[1] écrit Didier Guével à propos de la création d'une « juridiction de l'environnement » naissant de la déconstruction de nos découpages institutionnels. À l'image du combat contre la baisse des émissions de gaz à effet de serre, la complexité de la matière environnementale réside dans l'équilibre à trouver entre l'utopie et la réalité. Ainsi, s'il est évident que la réduction des émissions de gaz à effet de serre est essentielle, cette volonté s'oppose à la réalité d'une économie humaine aujourd'hui dépendante de ces émissions. Par conséquent, refondre brusquement l'économie de ce système est impossible et il est donc nécessaire de ne pas se perdre dans ce fantasme. Analogiquement, les réflexions qui fleurissent s'agissant de la spécialisation des juridictions en matière environnementale ne doivent pas verser dans l'irréalisme. Dès lors, si cette spécialisation nous interroge et pousse le juriste à bousculer les codes auxquels il est habitué, il ne s'agit pas de s'égarer ou d'ignorer les règles et leur incompatibilité, pour ne pas se perdre dans l'utopie, sans pour autant, s'interdire de rêver. En effet, c'est dans le rêve — terrain fertile pour l'innovation — que nait le début du progrès. Ainsi, la lutte contre le changement climatique, grande bataille de notre siècle, nécessite sur tous les fronts un changement de paradigme et notamment

---

[1] GUÉVEL D., « Vers la création de juridictions environnementales ? » [en ligne], *D.*, 2019, p. 1881, [consulté le 19 février 2024].

l'évolution de notre système judiciaire pour mieux répondre aux enjeux de notre temps. La spécialisation apparait être une piste d'évolution pertinente des juridictions pour une meilleure prise en compte de la particularité de certains contentieux. Dès lors, il s'agira d'étudier la spécialisation des juridictions en matière environnementale.

2. Polysémie de « juridiction » – « Mission », « pouvoir », « institution », « juge », « tribunal » ou encore « ressort » peuvent renvoyer à la notion de juridiction. Ainsi, la polysémie de ce terme rend difficile l'exercice de sa définition alors qu'il s'agit d'une « notion clef du droit processuel »[1]. Bien qu'il s'agisse d'un concept difficile à cerner[2], la Professeure Marie-Claire Rivier introduit la définition de la juridiction dans le *Dictionnaire de la Justice*[3] par une distinction claire qui consiste à distinguer « l'organe » de « la fonction ». Il s'agit de la dichotomie qui oppose la notion de juridiction au sens matériel — entendue comme le pouvoir de rendre la justice — de la juridiction au sens organique — entendue comme l'institution chargée de rendre la justice.

3. Le pouvoir de rendre la justice – Étymologiquement, la notion de « juridiction » renvoie à la définition matérielle du terme. En effet, « juridiction »

---

[1] JEULAND E., *Droit processuel général*, L.G.D.J., 2022, p. 155.

[2] CADIET L., NORMAND J. et AMRANI MEKKI S., *Théorie générale du procès*, PUF, 2020, p. 400 ; 401.

[3] RIVIER M., « Juridiction », dans Cadiet Loïc (dir.), *Dictionnaire de la Justice*, PUF, 2004, p. 702.

est un emprunt du latin classique *jurisdictio* qui signifie littéralement « dire le droit » et relève donc de la fonction juridictionnelle. En ce sens, juridiction et *jurisdictio* peuvent être employés comme synonyme[1] ; c'est le pouvoir qui permet de concrétiser l'action de rendre la justice. Ainsi, matériellement, « juridiction » — entendue comme pouvoir — s'emploie au singulier uniquement. Elle s'oppose au sens organique qui, lui, connait du singulier comme du pluriel[2].

4. Les organes chargés de rendre la justice – Organiquement, la juridiction est l'institution ou la personne qui exerce le pouvoir de juger[3] et donc la *jurisdictio*. Ainsi, la *jurisdictio* ne se confond plus avec la notion de juridiction. Au contraire, si matériellement la *jurisdictio* s'oppose à l'*imperium*[4], organiquement ces deux pouvoirs se retrouvent réunis au sein des juridictions étatiques[5] puisqu'ils définissent ensemble l'office du juge[6]. Dès lors, il s'agit ici des juges ou tribunaux *lato sensu* permettant d'intégrer ceux qui portent le nom de

---

1 CORNU G., *Vocabulaire juridique*, PUF, 2018, p. 588.

2 GUINCHARD S., *Lexique des termes juridiques*, Dalloz, 2022, p. 621.

3 Académie française, (s. d.), *sub verbo* « Juridiction », dans *Dictionnaire de l'Académie française*, [en ligne], [consulté le 1 mars 2024].

4 CLAY T., « Imperium », dans Cadiet Loïc (dir.), *Dictionnaire de la Justice*, PUF, 2004, p. 611.

5 CORNU G., *Vocabulaire juridique*, *op. cit.*, p. 524.

6 CLAY T., « Imperium », dans Cadiet Loïc (dir.), *Dictionnaire de la Justice, op. cit.*

magistrat[1] ou encore de cour[2]. S'agissant des « magistrats », on distingue dans le corps judiciaire les magistrats du siège — plus communément appelés « juges » — des magistrats du parquet[3] — plus communément appelés « procureurs ». Quant aux « tribunaux », ils pourraient à première vue, en droit interne, être étatiques ou arbitraux. Pourtant, il ne s'agira pas d'envisager la notion de « tribunal arbitral » car, en premier lieu, cette dernière ne fait pas l'objet d'une acception unanime en tant que juridiction[4] et connait, en

---

[1] CORNU G., *Vocabulaire juridique*, *op. cit.*, p. 582.

[2] CORNU G., *Vocabulaire juridique*, *op. cit.*, p. 588.

[3] DALLE H., « Magistrats (Sortes et statuts) », dans Cadiet Loïc (dir.), *Dictionnaire de la Justice*, PUF, 2004, p. 852.

[4] La notion de juridiction, s'agissant du tribunal arbitral, ne fait pas l'objet d'un consensus du point de vue des juridictions européennes. En effet, par principe, il ne s'agit pas d'une juridiction au sens de la CJUE considérant que le tribunal arbitral est constitué par les parties et que s'agissant de la question préjudicielle celle-ci doit être posée d'un rapport « d'égal à égal » (CJCE 27 janv. 2005, *Denuit et Cordenier*, affaire C-125/04.), sauf lorsque le tribunal arbitral est d'origine légale (CJUE, 8e ch., 13 févr. 2014, *Merck Canada*, affaire C-555/13.). Du point de vue de la CEDH, elle peut, dans certaines circonstances, considérer que « le tribunal arbitral [est] un tribunal établi par la loi » (CEDH, 3 avr. 2008, *Regent Company c/ Ukraine*, n° 773/03.) afin d'appliquer l'article 6 de la Convention EDH. En ce sens, GUINCHARD S., CHAINAIS C., DELICOSTOPOULOS C. et *al.*, *Droit processuel*, Dalloz, 2023, p. 617 ; JEULAND E., *Droit processuel général*, *op. cit.*, p. 172.

ce sens, des évolutions jurisprudentielles et doctrinales[1]. D'autre part (et surtout), parce qu'il s'agit de la rencontre du contrat et de la *jurisdictio*[2], là où seules les juridictions étatiques permettent la rencontre de l'*imperium* et de la *jurisdictio*. Dès lors, l'approche matérielle[3], est à proscrire puisqu'elle permet une acception trop large de la notion de juridiction, incluant l'arbitrage, qui apparait ici peu pertinente dans l'étude de la spécialisation des

[1] En effet, la Cour de cassation considérait jusqu'à son revirement de jurisprudence en 2010 que l'article 6 de la Convention EDH ne devait pas être appliqué au tribunal arbitral (Cass., 1re civ., 20 févr. 2001, *Cubic*, n° 99-12.574 ; Cass., 1re civ., 26 oct. 2010, n° 09-10.530.). Aussi, d'un point de vue doctrinal, le Professeur émérite en droit privé Charles Jorrosson considérait en 1999 que le tribunal arbitral ne pouvait être considéré comme un tribunal au sens de la Convention EDH, considérant que l'arbitre, était investi du pouvoir de juger par la seule volonté des parties ; alors qu'aujourd'hui une part importante de la doctrine et notamment le Professeur émérite en droit privé Serge Guinchard, considère notamment que « l'arbitrabilité des litiges est fixée par la loi (Code civil par ex.). [Et que] par le jeu des voies de recours, ce tribunal arbitral, […] est intégré dans le système juridictionnel d'un État. ». En ce sens, il voit dans le « tribunal arbitral » un tribunal au sens de l'article 6 de la Convention EDH. V. GUINCHARD S., CHAINAIS C., DELICOSTOPOULOS C. et *al.*, *Droit processuel*, *op. cit.* ; JEULAND E., *Droit processuel général*, *op. cit.*

[2] GUINCHARD S., CHAINAIS C., DELICOSTOPOULOS C. et *al.*, *Droit processuel*, *op. cit.*, p. 1575.

[3] Le pouvoir de *jurisdictio.*

juridictions[1]. Ainsi, il s'agira d'envisager la notion de juridiction comme l'ensemble des juridictions — juges et tribunaux — étatiques de l'ordre judiciaire, permettant ainsi de retenir l'approche organique *stricto sensu*.

5. Du général au spécial – Derrière la notion de spécialisation se cache l'action de spécialiser[2] impliquant un mouvement de transformation. Cette action est le processus par lequel un élément dit « général » devient un élément dit « spécial ». Ainsi, la spécialisation suppose nécessairement *ab initio* une entité non spécialisée à laquelle on apporte des modifications afin d'aboutir à un résultat particulier. En effet, « spécialisation » vient du latin impérial *specialis* qui signifie « particulier », c'est-à-dire qui se distingue et ne concerne qu'un élément dans un ensemble. L'intérêt de la spécialisation est « d'acquérir une formation approfondie dans un domaine particulier ; mais également restreindre quelque chose à une fonction ou un domaine »[3]. Ainsi, on retrouve derrière l'idée de la

[1] L'arbitrage est une alternative privée à la justice étatique qui apparait *de facto* et *ab initio* être une forme de justice spécialisée dont il n'apparait pas pertinent d'étudier le mouvement de spécialisation. En effet, par le jeu de la liberté contractuelle par laquelle les parties peuvent désigner des arbitres spécialistes de leur contentieux et adapter les règles de procédure il est possible de considérer que l'arbitrage est intrinsèquement une forme de justice spécialisée. Dès lors, la notion de spécialisation (V. *Infra*, n° 5) impliquant un mouvement du général au spécial ne peut trouver application s'agissant des tribunaux arbitraux *ab initio* spécialisés dans leurs constitutions en fonction de chaque contentieux.

[2] Académie française, (s. d.), *sub verbo* « Spécialisation », dans *Dictionnaire de l'Académie française*, [en ligne], [consulté le 1 mars 2024].

[3] BLÉRY C., La notion de spécialisation, dans Ginestet Catherine (dir.), *La spécialisation des juges*, L.G.D.J., 2012, p. 14.

spécialisation une forme d'apprentissage avancé dans une matière définie et circonscrite. Cette restriction du domaine d'étude a pour ambition de « privilégier un secteur particulier par souci d'approfondissement, de maîtrise et de perfection »[1]. Dès lors, c'est bien la performance qui semble être l'objectif ultime de la spécialisation.

6. La spécialisation des juridictions – Appliquée aux juridictions, la spécialisation est la transformation d'une juridiction de droit commun — par exemple le tribunal judiciaire au civil ou encore le tribunal correctionnel au pénal — vers une juridiction spécialisée. Toutefois, certains considèrent qu'il existe également des juridictions spécialisées *ab initio* qui ne résultent pas de l'institution d'une formation spécialisée au sein des juridictions de droit commun. Ils parlent en ce sens de juridictions spécialisées *ad hoc*, c'est-à-dire autonomes[2]. Finalement, les juridictions spécialisées se définissent plus généralement comme les juridictions qui s'opposent aux juridictions de droit commun ; juridictions de droit commun qui ont normalement vocation à connaitre de toutes les affaires[3] sans qu'un contentieux leur soit spécialement attribué. À ce titre, Corinne Bléry identifie quatre formes de spécialisation[4]. La première « consiste à

---

[1] Trésor de la langue française, (s. d.), *sub verbo* « Spécialisation », dans *Dictionnaire Trésor de la langue française*, [en ligne], [consulté le 1 mars 2024].

[2] GUINCHARD S. et BUISSON J., *Procédure pénale*, LexisNexis, 2020, p. 180.

[3] CORNU G., *Vocabulaire juridique*, *op. cit.*, p. 589.

[4] BLÉRY C., La notion de spécialisation, dans Ginestet Catherine (dir.), *La spécialisation des juges, op. cit.*, p. 14-19.

multiplier les juridictions ». C'est ainsi que l'on retrouve notamment aux côtés du tribunal judiciaire le tribunal de commerce ou le conseil de prud'hommes — s'agissant des juridictions civiles — et la juridiction pour mineur aux côtés du tribunal de police, du tribunal correctionnel et de la cour d'assises — s'agissant des juridictions pénales[1]. La deuxième forme de spécialisation ajoute un degré supplémentaire de spécialisation puisqu'il consiste à « instaurer des juges spécialisés au sein des juridictions susmentionnées ». Corinne Bléry relève notamment le juge de la mise en état et le juge aux affaires familiales — au civil — ou encore le juge d'instruction et le juge des libertés et des détentions — au pénal. La troisième forme de spécialisation se traduit par « la création de chambres spécialisées au sein d'une juridiction ». Il s'agit par exemple de la chambre de la construction qui relève de l'organisation interne de la juridiction et ne peut en ce sens être considérée comme une juridiction indépendante. En effet, dans ce cas, la chambre fait partie intégrante de la juridiction en son entier. Enfin, la quatrième forme de spécialisation identifiée par Corinne Bléry résulte de « la restriction du nombre de juridictions aptes à connaître de certains litiges particuliers », c'est par exemple le cas du

---

[1] Corinne Bléry souligne à ce titre que s'agissant des juridictions pénales de droit commun il est possible de voir, en premier lieu, des juridictions spécialisées puisqu'elles connaissent chacune d'une catégorie d'infraction. Pourtant, il s'agit bien des juridictions pénales de droit commun puisque selon la Professeure Geneviève Giudicelli-Delage « la compétence générale de ces juridictions se détermine par référence à la classification tripartite des infractions ». V. BLÉRY C., La notion de spécialisation, dans Ginestet Catherine (dir.), *La spécialisation des juges, op. cit.*, p. 15 ; GUINCHARD S., *Lexique des termes juridiques*, *op. cit.*, p. 622 ; GIUDICELLI-DELAGE G., « Justice pénale », dans Cadiet Loïc (dir.), *Dictionnaire de la Justice*, PUF, 2004, p. 783.

tribunal judiciaire de Paris, seul compétent pour les brevets[1]. Dès lors, il est possible de classer ces précédentes formes de spécialisation au sein de deux catégories : d'une part, les spécialisations qui résultent de la loi — que nous qualifierons de formelles ou *de jure* — ; d'autre part les spécialisations qui relèvent de l'organisation administrative interne de chaque tribunal — que nous qualifierons d'informelle ou *de facto*. Elles définiront ensemble le champ de notre étude.

7. Synopsis d'une spécialisation juridictionnelle – Historiquement, la spécialisation des juridictions apparait dès l'Ancien Régime[2] par la multiplication des juridictions[3] parfois qualifiée « d'hypertrophie »[4] des juridictions. Plus récemment, au cours des trois derniers siècles, la spécialisation évolue en deux temps. Tout d'abord, au cours des 19e et 20e siècles se développe la spécialisation des fonctions juridictionnelles[5] aussi appelée « spécialisation

---

[1] COJ, art. D. 211-6 ; BLÉRY C., La notion de spécialisation, dans Ginestet Catherine (dir.), *La spécialisation des juges, op. cit.*

[2] BLÉRY C., La spécialisation des juges dans le domaine environnemental, dans Hautereau-Boutonnet Mathilde et Truilhé Ève (dir.), *Le procès environnemental*, Dalloz, 2021, p. 100 ; BLÉRY C., La notion de spécialisation, dans Ginestet Catherine (dir.), *La spécialisation des juges*, *op. cit.*, p. 19.

[3] C'est la première forme de spécialisation identifiée par la Professeure Corinne Bléry (V. *Supra*, n° 6).

[4] KERNALEGUEN F., « Juridiction(s) d'exception », dans Cadiet Loïc (dir.), *Dictionnaire de la Justice*, PUF, 2004, p. 709.

[5] C'est la deuxième forme de spécialisation identifiée par la Professeure Corinne Bléry (V. *Supra*, n° 6).

classique »[1]. C'est ainsi qu'apparait par exemple le juge d'instruction en 1808 lorsqu'il est institué par le Code d'instruction criminelle[2]. Dans un second temps et jusqu'à aujourd'hui, c'est une spécialisation des juges à certains contentieux particuliers[3] qui est principalement mise en œuvre. S'agissant d'un degré de spécialisation supplémentaire, il est possible de parler de « surspécialisation »[4]. Celle-ci vise à prendre en compte les spécificités d'un contentieux particulier afin d'en permettre une meilleure gestion. En Europe, le *pool antimafia* de Palerme, créé par Rocco Chinnici dans les années 1980[5], est vraisemblablement la première spécialisation historique de juridictions dont l'objectif est de renforcer l'efficacité de la répression pour un contentieux défini[6]. Plus récemment, on observe cette dynamique de spécialisation sur notre territoire par la création des JIRS en matière économique et financière et criminalité et délinquance organisées en 2004[7], la JUNALCO en 2019[8] ou encore dernièrement le pôle

---

[1] GAND P., « La surspécialisation des juges pénaux » [en ligne], *Dr. pén.*, 2023 [consulté le 5 mai 2024].

[2] GUINCHARD S. et BUISSON J., *Procédure pénale*, *op. cit.*, p. 69.

[3] C'est la quatrième forme de spécialisation identifiée par la Professeure Corinne Bléry (V. *Supra*, n° 6).

[4] GAND P., « La surspécialisation des juges pénaux », *op. cit.*

[5] V. GAND P., « La surspécialisation des juges pénaux », *op. cit.* ; GAND P., « L'influence dans les pratiques judiciaires françaises de l'expérience italienne de la lutte contre les mafias » [en ligne], *Lexbase Pénal*, 2022 [consulté le 8 mai 2024].

[6] GAND P., « L'influence dans les pratiques judiciaires françaises de l'expérience italienne de la lutte contre les mafias », *op. cit.*

[7] CPP, art. 704 ; CPP, art. 704-75.

[8] CPP, art. 706-75.

« *Cold Case* » de Nanterre en 2022[1]. Aujourd'hui, la spécialisation des juridictions est ainsi marquée par la volonté de prendre en compte des contentieux, souvent qualifiés de complexes, qui nécessitent une considération particulière. Aux yeux de Pascal Gand « la surspécialisation est devenue une nécessité pour que l'institution judiciaire reste crédible face à l'évolution des contentieux vers toujours plus de complexité »[2].

8. Distinctions des juridictions spécialisées des juridictions d'exception – Les juridictions spécialisées et les juridictions d'exception présentent comme caractéristique commune qu'elles s'opposent aux juridictions de droit commun. Ainsi, au regard de la maxime *speciala generalibus derogant* elles s'inscrivent en exception à ces dernières qui font office de principe en y dérogeant notamment par leurs règles de compétence[3]. Toutefois, les juridictions spécialisées ne sont pas à confondre avec les juridictions d'exception et ce, bien que leurs définitions ne semblent pas faire l'objet d'un consensus. Tantôt considérant que les deux notions doivent être employées comme synonymes par opposition aux juridictions de droit commun[4] ; tantôt considérant qu'elles se distinguent du point de vue de la nature des compétences auxquelles elles dérogent (dérogation à la compétence d'attribution pour les juridictions d'exception et dérogation à la compétence territoriale pour les

[1] CPP, art. D. 47-12-8.

[2] GAND P., « La surspécialisation des juges pénaux », *op. cit.*

[3] GUINCHARD S. et BUISSON J., *Procédure pénale*, *op. cit.*, p. 179.

[4] CORNU G., *Vocabulaire juridique*, *op. cit.*, p. 588 ; 589.

juridictions spécialisées)[1]. Néanmoins, ces définitions ne sont guère convaincantes. En effet, comme en témoignent les diffèrents exemples de juridictions spécialisées — JIRS, JUNALCO, PNAT, PNF —, si elles dérogent aux règles normales de dévolution du contentieux s'agissant de leur compétence territoriale, elles le font pour un contentieux déterminé et bénéficient donc *de facto* d'une compétence d'attribution particulière. En ce sens, les juridictions spécialisées seraient, en pratique, des juridictions d'exception. Si cette affirmation n'est pas fausse, c'est parce que tout en se distinguant, ces notions se recoupent. En effet, en 1863, Faustin Hélie voyait dans les juridictions d'exception une appellation permettant de nommer une classification des spécialisations au regard du but poursuivi par le législateur[2]. Les juridictions spéciales étant alors une forme *sui generis* de juridiction d'exception. Cette analyse est confirmée, d'aucuns considérant que « l'appellation juridiction d'exception tend à être concurrencée par des expressions de substitution [tel que] *juridiction d'attribution*, […] *juridictions spéciales* [ou encore] *juridictions spécialisées* »[3]. S'agissant des juridictions spécialisées, il précise qu'elles sont « sans conteste des juridictions d'exception »[4] bien que la notion de juridiction d'exception bénéficie d'une acception plus large que la notion de juridiction spécialisée précisément contenue

---

[1] GUINCHARD S., *Lexique des termes juridiques*, *op. cit.*, p. 621 ; 624.

[2] GUINCHARD S. et BUISSON J., *Procédure pénale*, *op. cit.*, p. 180.

[3] KERNALEGUEN F., « Juridiction(s) d'exception », dans Cadiet Loïc (dir.), *Dictionnaire de la Justice*, PUF, 2004, p. 708.

[4] *Ibid.*

dans la première. En effet, les juridictions extraordinaires[1] ou encore les juridictions politiques[2], bien que qualifiées de juridictions d'exception se distinguent des juridictions spécialisées[3]. Dès lors, étudier la notion de « juridiction spécialisée », revient à se concentrer sur l'étude des juridictions qui ont pour objectif de tenir compte de la spécificité de certaines matières — au sens de la classification de Faustin Hélie —, en dérogeant aux compétences territoriales des juridictions de droit commun, par l'attribution légale d'une compétence matérielle particulière[4], en vue de traiter plus efficacement certains contentieux déterminés. Ainsi, la juridiction spécialisée est le résultat de la spécialisation des juridictions dont le processus peut débuter par l'institution de règles de compétence d'attribution et territoriale dérogatoires.

9. Une spécialisation protéiforme – Si l'existence de règles particulières de compétences matérielles et territoriales constitue une condition *sine qua non* à la construction d'une juridiction spécialisée, cette dernière peut, par la suite, se manifester sous différentes configurations. En effet, lorsque le législateur attribue une compétence territoriale dérogatoire, celle-ci peut, tout d'abord, s'inscrire parmi une spécialisation plurielle lorsqu'il existe matériellement plusieurs juridictions spécialisées dans un domaine de compétence (par exemple

---

[1] Par exemple les juridictions extraordinaires sous Vichy.

[2] Par exemple la Cour de justice de la République.

[3] GUINCHARD S. et BUISSON J., *Procédure pénale*, *op. cit.*

[4] BLÉRY C., La notion de spécialisation, dans Ginestet Catherine (dir.), *La spécialisation des juges*, *op. cit.*, p. 14.

la JIRS et la JUNALCO en criminalité et délinquance organisées ou encore la JIRS et le PNF en matière économique et financière), ou unique lorsqu'il existe matériellement une seule juridiction spécialisée dans un domaine de compétence (par exemple le PNAT pour le terrorisme au pénal ou encore le « pôle *Cold Case* » pour les crimes sériels ou non élucidés). Ensuite, la spécialisation des juridictions peut également se manifester de manière centralisée lorsque territorialement une seule juridiction est compétente sur l'ensemble du territoire national pour une matière donnée (par exemple le tribunal judiciaire de Paris s'agissant des infractions d'atteinte au système de traitement automatisé d'informations)[1], ou décentralisée lorsqu'une juridiction spécialisée est instituée à différents endroits du territoire (par exemple la JIRS qui bénéficie d'un maillage interrégional). La spécialisation des juridictions peut également se manifester directement, considérant que la nature de l'infraction est directement visée par la loi comme un critère de spécialisation, ou indirectement lorsqu'un critère extérieur à la matière, objet de la spécialisation, permet l'orientation du contentieux ou lorsque c'est au travers d'un mouvement de spécialisation plus général et non spécifique à la nature d'une infraction que des juridictions spécialisées vont être amenées à connaitre de cette dernière. Enfin, la spécialisation des juridictions peut se manifester relativement à la composition. En ce sens, la spécialisation d'une juridiction peut être l'œuvre de la spécialisation des juges qui la compose, qu'ils soient professionnels ou non professionnels, ou être la résultante du développement de

---

[1] CPP, art. 706-72 et s.

l'équipe autour du magistrat, notamment par la présence d'assistants spécialisés. En outre, la spécialisation des juridictions peut être qualifiée de « spécialisation » ou « d'hyperspécialisation ». Cette dernière est toutefois à distinguer de la « surspécialisation »[1] évoquée par Pascal Gand. En effet, la notion de « surspécialisation » apparait plus attachée à l'accumulation de spécialisation au sein de l'organe juridictionnel tandis que « l'hyperspécialisation » se rattache à une spécialisation supplémentaire dans une matière. En ce sens, la spécialisation est relative à une matière définie alors que l'hyperspécialisation, plus restreinte, correspond à une spécialisation dans des domaines compris au sein de la précédente matière.

10. Ambiguïté de la matière environnementale – Tout l'enjeu de la spécialisation des juridictions en matière environnementale dépend de la définition des contours du contentieux environnemental et ainsi de ce qui relève précisément de la notion d'environnement. Dès lors, il convient dans un premier temps de tenter — puisqu'il n'est pas chose aisée — de la définir. En effet, d'aucuns qualifient l'environnement de « notion caméléon »[2] mettant ainsi l'accent sur sa polysémie[3] et déplorant par ailleurs qu'à ce jour « aucun texte juridique [ne] définit l'environnement de façon générale »[4] pas même la Charte française de l'environnement qui le cite pourtant pas

---

1 GAND P., « La surspécialisation des juges pénaux », *op. cit.*

2 PRIEUR M., BÉTAILLE J., CAMPROUX DUFFRENE M.-P. et *al.*, *Droit de l'environnement*, Dalloz, 2023, p. 1.

3 VAN LANG A., *Droit de l'environnement*, PUF, 2021, p. 13.

4 PRIEUR M., BÉTAILLE J., CAMPROUX DUFFRENE M.-P. et *al.*, *Droit de l'environnement*, *op. cit.*, p. 2.

moins de douze fois[1]. Ainsi, les textes qui se succèdent donnent chacun à leur tour une définition plus ou moins large de la notion[2]. Par triste analogie, certains soulignent que « le mot [“environnement”] lui-même semble un gaspillage. Rebattu par les médias, utilisé à tout propos, hors de propos, il souffre de cet excès. Le voici usé avant d’avoir été utilisé. Porté par une mode, il peut paraître alors n’être que cela »[3]. Il faut donc revenir à la genèse de la notion d’environnement longtemps restée inconnue de notre lexique.

11. Brève biographie environnementale – La France du 18e siècle ignorait totalement le terme « environnement ». En effet, l’*Encyclopédie* de Diderot et D’Alembert lui préférait la notion de « milieu »[4], preuve lexicale, peut être, des prémices de son anthropocentrisme. Il faudra attendre le 19e pour commencer à tourner son regard vers l’extérieur avec le *Grand dictionnaire universel du XIXe siècle* de Pierre Larousse, par l’introduction des notions « d’environs », « environner », « environné » et « environnant »[5]. Finalement, le terme aurait été introduit en France au début du 20e siècle par le géographe Vidal de la Blache considérant que ce n’est plus seulement ce qui entoure, mais également ce qui est

---

[1] FONBAUSTIER L., *Manuel de droit de l’environnement*, PUF, 2023, p. 18.

[2] PRIEUR M., BÉTAILLE J., CAMPROUX DUFFRENE M.-P. et *al.*, *Droit de l’environnement*, *op. cit.*

[3] VAN LANG A., *Droit de l’environnement*, *op. cit.*, p. 14.

[4] AFEISSA H.-S., « Environnement », dans Bourg Dominique et Papaux Alain (dir.), *Dictionnaire de la pensée écologique*, PUF, 2017, p. 405-410.

[5] *Ibid.*

inclus[1]. En ce sens, l'environnement comprend à la fois « ce qui est à l'intérieur de » et « ce qui est autour de ». Cependant, la notion d'environnement — précisément puisqu'elle est définie par les Hommes — conserve son héritage égocentrique pour se tourner vers l'anthropocentrisme. Comme le souligne Jean Rivero « il n'y a d'environnement qu'en fonction d'un environné, et l'environné, c'est l'Homme. Les dégradations de l'air, de l'eau, du paysage ne sont des nuisances que parce qu'elles affectent l'Homme. »[2]. Cet anthropocentrisme est affirmé dès 1972 par la déclaration de Stockholm qui indique que « nous pouvons, par ignorance ou par négligence, causer des dommages considérables et irréversibles à l'environnement terrestre dont dépendent notre vie et notre bien-être »[3]. Ainsi, l'environnement c'est l'Homme, « qui est à l'intérieur de », et l'ensemble des éléments chimiques, biologiques, facteurs sociaux et phénomènes physiques qui l'entourent[4], « qui sont autour de », et qui exercent une influence[5] sur lui. C'est de cette dynamique anthropocentrique de la notion d'environnement que le droit de l'environnement est né.

---

[1] *Ibid.*

[2] VAN LANG A., *Droit de l'environnement*, *op. cit.*, p. 15.

[3] A/CONF.48/14/Rev.1, *Rapport de la conférence des nations unies sur l'environnement*, Documents officiels des Nations Unies, 5-16 juin 1972, p. 3.

[4] Trésor de la langue française, (s. d.), *sub verbo* « Environnement », dans *Dictionnaire Trésor de la langue française*, [en ligne], [consulté le 1 mars 2024].

[5] Académie française, (s. d.), *sub verbo* « Environnement », dans *Dictionnaire de l'Académie française*, [en ligne], [consulté le 1 mars 2024].

12. Le droit de l'environnement – Ce sont les lois du 10 juillet 1976 relative à la protection de la nature[1] et du 19 juillet 1976[2] relative aux installations classées pour la protection de l'environnement qui ont fondé le droit de l'environnement en France[3]. Témoignage de l'intérêt grandissant que porte le droit sur l'environnement, on observe une multiplication des textes à ce sujet entre les années 90 et 2000[4], aboutissant notamment à la création du Code de l'environnement[5] et la rédaction d'une Charte de l'environnement à valeur constitutionnelle en 2005. Bien que, leur dénomination semble s'inscrire dans une dimension « écocentrique »[6], portant une attention particulière à la protection de l'environnement et des écosystèmes ; la nature, qui n'est, à ce jour, pas sujet de droit[7], ne bénéficie pas d'une protection effective et notamment d'un droit à réparation. Finalement, ce n'est

---

[1] *Loi n° 76-629 du 10 juillet 1976 relative à la protection de la nature*, Journal officiel, 12 et 13 juillet 1976.

[2] *Loi n° 76-663 du 19 juillet 1976 relative aux installations classées pour la protection de l'environnement*, Journal officiel, 20 juillet 1976.

[3] ROCHE C., *L'essentiel du droit de l'environnement*, Gualino, 2022, p. 22.

[4] Notamment : *Loi n° 92-3 du 3 janvier 1992 sur l'eau*, Journal officiel, 4 janvier 1992 ; *Loi n° 992-646 du 13 juillet 1992 relative à l'élimination des déchets ainsi qu'aux installations classées pour la protection de l'environnement*, Journal officiel, 13 et 14 juillet 1992 ; *Loi n° 95-101 du 2 février 1995 relative au renforcement de la protection de l'environnement*, Journal officiel, 3 février 1995.

[5] *Ordonnance n° 2000-914 du 18 septembre 2000 relative à la partie Législative du code de l'environnement*, Journal officiel, 21 septembre 2000.

[6] VAN LANG A., *Droit de l'environnement*, *op. cit.*, p. 16.

[7] ZABALZA A., « De revolutionibus orbium terrarum Pour une révolution "géocentrique" dans le système des biens » [en ligne], *HAL*, 2021, p. 10, [consulté le 10 mai 2024].

que récemment que le droit de l'environnement s'est véritablement émancipé de l'Homme[1], replaçant la nature au cœur de cet écosystème, notamment par la consécration normative de la notion de préjudice écologique[2]. Ainsi, la notion prend peu à peu la place qu'on lui accorde aujourd'hui, intégrant la dimension militante[3], politique, voire idéologique[4], tant controversée « d'écologisme ». Sur ce point, d'aucuns parlent « "d'écologisation" du droit de l'environnement »[5]. Toutefois, cette prise en compte par le droit de l'environnement de cette conception écologique ne doit pas être vue comme une politisation du droit de l'environnement. En effet, originellement, l'écologie n'est que la « science qui étudie les rapports de l'animal avec son milieu »[6] et « l'étude des conditions nécessaires au développement harmonieux des êtres vivants [pour] assurer la survie des espèces [et éliminer

---

[1] En effet, le « reniement de l'anthropomorphique », bien qu'il ait commencé dès 1850 s'agissant des animaux domestiques, se poursuivant par leur qualification « d'être sensible » en 1976, n'ouvre pas directement un droit à réparation de l'animal. En ce sens : ROBERT J.-H., L'argument écologiste dans le discours du législateur pénal, dans Lagoutte Julien (dir.), *Écologisme et droit pénal* [en ligne], Lexbase Pénal, 2023, p. 46-47.

[2] Le préjudice écologique est consacré par la jurisprudence *Erika* en 2012 (Cass., Crim., 25 sept. 2012, *Erika*, n° 10-82.938.) et il fait son apparition dans le Code civil en 2016 aux articles 1246 et s.

[3] ROMI R., AUDRAIN-DEMAY G. et LORMETEAU B., *Droit de l'environnement et du développement durable*, L.G.D.J., 2021, p. 19.

[4] FONBAUSTIER L., L'écologisme dans le discours de la doctrine environnementaliste, dans Lagoutte Julien (dir.), *Écologisme et droit pénal* [en ligne], Lexbase Pénal, 2023, p. 43.

[5] *Ibid.*

[6] Notion crée en 1866 par le biologiste Allemand Ernst Haeckel.

les] facteurs qui menacent l'équilibre biologique »[1]. C'est dans cette dynamique que se développe aujourd'hui le droit de l'environnement. Ainsi défini — à l'image du droit civil et du droit pénal qui connaissent tous deux de leurs contentieux respectifs —, le droit de l'environnement voit la naissance d'un contentieux environnemental.

13. Un contentieux hybride – Selon Marie-Claire Rivier, « le contentieux s'entend de la masse des contestations potentiellement ou effectivement soumises à un juge » et il « est reparti par domaines »[2]. Ainsi, si le contentieux civil relève naturellement des juridictions civiles, le contentieux pénal des juridictions pénales et le contentieux administratif des juridictions administratives, force est de constater que le contentieux environnemental, à l'instar de la notion environnementale, laisse planer quelques ambiguïtés. La diversité de la matière environnementale la rend presque insaisissable et, s'agissant de ses frontières, il est possible de considérer que l'on navigue en eaux troubles. En premier lieu, ce contentieux hybride connaît des acceptions pénales, civiles et administratives[3] et se retrouve donc dispersé parmi les trois juridictions. Il ne dispose donc pas *ab initio* d'une juridiction de prédilection. En second lieu, si le contentieux environnemental est déjà subdivisé entre ces trois contentieux, il connaît lui-même des sous-divisions partant du contentieux de l'urbanisme au contentieux

[1] Académie française, (s. d.), *sub verbo* « Écologie », dans *Dictionnaire de l'Académie française*, [en ligne], [consulté le 1 mars 2024].

[2] RIVIER M., « Contentieux », dans Cadiet Loïc (dir.), *Dictionnaire de la Justice*, PUF, 2004, p. 229.

[3] V. *Infra*, Partie 1, Chapitre 1, Section 1, n° 26 s.

climatique[1]. Ainsi, il est nécessaire de le circonscrire, afin de déterminer ce qui, naturellement, doit relever des éventuelles juridictions spécialisées en droit de l'environnement.

14. Le contentieux des atteintes de l'Homme à son environnement – Au sens de la spécialisation des juridictions en matière environnementale, la notion doit être entendue strictement au regard des précédentes définitions retenues. Dès lors, il s'agira d'étudier le contentieux naissant des atteintes à l'environnement — entendu comme l'écosystème qui abrite l'Homme — et ainsi des contestations qui naissent des actions humaines sur cet écosystème. En effet, ce qu'on entend porter à la connaissance d'une juridiction environnementale est un contentieux qui s'inscrit incontestablement dans une dimension écologique par la prise en compte du développement harmonieux des écosystèmes. Le contentieux, impliquant une contestation, celle-ci ne peut résulter que de l'existence d'atteintes à cet équilibre biologique. La justice, indissociable de notre contrat social, faite par et pour les Hommes afin de permettre un vivre ensemble, implique la sanction des comportements allant à l'encontre de cette harmonie. En effet, comme le rappelle le Professeur d'écologie Cesare Sacchi « tous les organismes modifient l'environnement où ils vivent »[2]. Dès lors, ce sont bien les comportements négatifs de l'Homme sur son environnement qui constituent l'objet

---

[1] PRIEUR M., BÉTAILLE J., CAMPROUX DUFFRENE M.-P. et *al.*, *Droit de l'environnement*, *op. cit.*, p. 1019 ; 1601.

[2] AFEISSA H.-S., « Environnement », dans Bourg Dominique et Papaux Alain (dir.), *Dictionnaire de la pensée écologique*, *op. cit.*, p. 406.

naturel des juridictions environnementales. Ces comportements négatifs peuvent constituer des infractions et par conséquent ouvrir droit à réparation. En ce sens, le contentieux environnemental apparait indéniablement être le contentieux — civil et pénal — de la responsabilité environnementale et plus précisément la responsabilité de l'Homme, désormais débiteur d'obligation, vis-à-vis de son environnement « patrimoine commun des êtres humains »[1].

15. « Patrimoine commun des êtres humains » et souveraineté des États – Incontestablement, la problématique environnementale présente une dimension internationale. En effet, c'est l'humanité qui est concernée, tant du point de vue de la responsabilité qu'elle engage que des conséquences qu'elle pourrait subir de ses violations. Dès lors, s'intéresser à la spécialisation des juridictions en matière environnementale pourrait nous amener à dépasser les frontières de notre droit national. Toutefois, il s'agira de concentrer notre étude sur la spécialisation des juridictions internes en matière environnementale. En effet, si des tentatives de spécialisation au niveau international ont été expérimentées — notamment à la CIJ — elles ont été sans objet puisqu'aucun État ne s'en est saisi[2]. Cette constatation n'est pas étonnante. En premier lieu, parce

[1] Préambule Charte de l'environnement de 2004.

[2] En 1993, la CIJ instituait une chambre spécialisée pour les affaires environnementales. Cependant, cette chambre n'a jamais été saisie par les États. Elle a été supprimée en 2006. V. TRUILHÉ E. et HAUTEREAU-BOUTONNET M., *Le procès environnemental, Du procès sur l'environnement au procès pour l'environnement,* mai 2019, p. 202.

qu'en dépit des conventions internationales sur le climat, le droit de l'environnement varie profondément d'un État à un autre. Ainsi, il est très difficile pour les États de se déposséder de ce contentieux au profit d'une juridiction internationale alors que cette matière ne connait pas une acceptation unanime dans la communauté internationale. De plus, la pollution de l'air, des sols, destruction des habitats naturels ou encore non-respect des règlementations environnementales, relèvent de problématiques territoriales sur lesquelles les États ont du mal à déléguer leur souveraineté[1]. En second lieu, parce qu'il n'existe pas à ce jour d'écocide international[2], voire de sanction pénale en la matière[3], qui justifierait l'existence d'une juridiction spécialisée. Cependant, la récente condamnation de la Suisse par la CEDH pour inaction climatique[4] — une première — semble mettre en exergue le début d'un changement de paradigme.

16. La cause environnementale, un phénomène national global – Il ne faut pas l'oublier, si la « question

---

[1] MARTIN-BIDOU P., *Droit de l'environnement*, Bréal, 2021, p. 35.

[2] MONTAVON C. et DESAULES MARIE, « Regards croisés sur le crime d'écocide : des tentatives de concrétisation du concept, entre société civile et institutions (inter)nationales » [en ligne], *Droit et société*, 2022, p. 643-662, [consulté le 12 mai 2024].

[3] BAUDOIN C., « Droit pénal international de l'environnement : l'enjeu de la coercition » [en ligne], *Actu-juridique*, 2022, [consulté le 12 mai 2024].

[4] V. CEDH, 9 avr. 2024, *Verein KlimaSeniorinnen Schweiz et autres c. Suisse*, n° 53600/20 ; PARANCE B., « La CEDH condamne la Suisse : tsunami climatique européen ou simple tempête ? » [en ligne], *le club des juristes*, 2024, [consulté le 18 avril 2024].

environnementale »[1] nous intéresse, c'est parce qu'elle touche l'Homme et détermine ses conditions de vie sur Terre. Or, la tendance aspire aujourd'hui à reconsidérer la place de la nature au sein de cet environnement, ou, tout du moins, mieux la prendre en compte. Ce changement de paradigme s'explique par la prise de conscience globale de l'enjeu que représente la protection de l'environnement. Globale, parce qu'on observe une « effervescence »[2] tant citoyenne, que politique, doctrinale, prétorienne et juridique s'agissant de cette « question environnementale ». Citoyenne d'abord, par une prise de conscience écologique et le témoignage d'une « réprobation sociale [qui] ne cesse d'augmenter dans ce domaine »[3]. Politique ensuite par l'émergence des mouvements écologiques[4], mais également par le développement de ministères de l'Environnement au

[1] BODON V., « Quand naît la question environnementale ? Proposition d'analyse à partir de l'étude de l'aménagement du barrage de Serre-Ponçon » [en ligne], *Annales historiques de l'électricité*, 2005, p. 35-47, [consulté le 11 mai 2024].

[2] DUMONT SAINT PRIEST L. et SABY M., « 2021 : millésime du droit pénal de l'environnement ? » [en ligne], *Dalloz actualité*, 2021, [consulté le 11 mai 2024].

[3] PRIEUR M., BÉTAILLE J., CAMPROUX DUFFRENE M.-P. et *al.*, *Droit de l'environnement*, *op. cit.*, p. 1019 ; 1607.

[4] Notamment René Dumont premier candidat sous une étiquette écologiste à une élection présidentielle en 1974 et développement dans les années 70/80 des premiers partis écologistes, MATAGNE P., « Aux origines de l'écologie » [en ligne], *Innovations*, 2003, p. 27-42, [consulté le 12 mai 2024].

gouvernement[1]. Le changement climatique devient d'ailleurs une priorité nationale[2] pour la France qui a accueilli en décembre 2015 la COP 21 permettant d'adopter les Accords de Paris. Plus récemment, la Convention citoyenne pour le climat de 2020[3], à l'initiative du Président de la République Emmanuel Macron, témoigne de la prise en compte de cette cause dans le débat public. Enfin, puisque selon Alexis de Tocqueville « il n'est presque pas de question politique qui ne se résolve tôt ou tard en question judiciaire »[4], cette effervescence est également doctrinale, prétorienne et juridique. En effet, on observe ces dernières années une augmentation de l'actualité juridique avec des rapports[5],

---

[1] Notamment le gouvernement Chaban-Delmas qui en 1971 créé le premier « ministère de l'Environnement », AFEISSA H. S., « Environnement », dans Bourg Dominique et Papaux Alain (dir.), *Dictionnaire de la pensée écologique*, *op. cit.*, p. 405-410 ; REGOURD C., RIMBAULT C. et VERPEAUX M., *Institution et droit de l'environnement*, La Documentation française, 2023, p. 9.

[2] ROCHE C., *L'essentiel du droit de l'environnement*, *op. cit.*, p. 18.

[3] RÉPUBLIQUE FRANÇAISE, *Rapport de la Convention citoyenne pour le climat*, 21 juin 2020.

[4] CANALI L., *Le procès et le changement climatique*, thèse de doctorat, droit, Aix-Marseille Université, 2023, p. 14.

[5] V. MINISTÈRE DE LA JUSTICE, Jégouzo Yves (dir.), *Pour la réparation du préjudice écologique*, septembre 2013 ; TRUILHÉ E. et HAUTEREAU-BOUTONNET M., *Le procès environnemental, Du procès sur l'environnement au procès pour l'environnement*, *op. cit.* ; MINISTÈRE DE LA TRANSITION ÉCOLOGIQUE ET SOLIDAIRE et MINISTÈRE DE LA JUSTICE, *Une justice pour l'environnement*, octobre 2019 ; PARQUET GÉNÉRAL, Molins François (dir.), *Le traitement pénal du contentieux de l'environnement*, 2023.

lois[1], circulaires[2], articles de doctrine[3] et colloques[4] organisés autour de la notion qui se concrétisent notamment par l'émergence de véritables procès pour l'environnement[5]. Finalement, c'est la société dans son ensemble qui semble, peu à peu, se mobiliser pour une meilleure effectivité du droit de l'environnement. Et, en même temps, pour reprendre les mots de Didier Guével, « quoi de plus fédérateur que la défense de l'environnement que l'on nous dit chaque jour plus menacé ? »[6].

---

[1] V. *Loi n° 2020-1672 du 24 décembre 2020 relative au Parquet européen, à la justice environnementale et à la justice pénale spécialisée*, Journal officiel, 26 décembre 2020 ; *Loi n° 2021-1104 du 22 août 2021 portant lutte contre le dérèglement climatique et renforcement de la résilience face à ses effets*, Journal officiel, 24 aout 2021.

[2] V. MINISTÈRE DE LA JUSTICE, *Circulaire n° JUSD1711497C relative à l'extension de la compétence concurrente des juridictions du littoral spécialisées* ; MINISTÈRE DE LA JUSTICE, *Circulaire n° CRIM 2021-02/G3-11/05/2021 visant à consolider le rôle de la justice en matière environnementale*, 11 mai 2021 ; MINISTÈRE DE LA JUSTICE, *Circulaire n° 2023/F/0061/FF3BIS de politique pénale en matière de justice pénale environnementale*, 9 octobre 2023.

[3] La notion « droit de l'environnement » apparait en France dans près de 16 700 documents sur *Google Scholar* pour l'année 2023 et 407 000 fois si on ne tient pas compte d'une période scientifique particulière. Cette occurence est la preuve de l'intérêt que porte la communauté scientifique à la notion.

[4] V. notamment, HAUTEREAU-BOUTONNET M. et TRUILHÉ E. (dir.), *Le procès environnemental*, Paris, 21 octobre 2019 ; LAGOUTTE J. (dir.), *Écologisme et droit pénal*, Agen, 6 avril 2023 ; LAGOUTTE J. (dir.), *Le droit pénal face au changement climatique : l'échelle globale*, Bordeaux, 22 mars 2024.

[5] V. notamment, Cass., Crim., 25 sept. 2012, *Erika*, n° 10-82.938 ; TA de Paris, 14 oct. 2021, *L'affaire du siècle*, n° 1904967, 1904968, 1904972, 1904976/4-1.

[6] GUÉVEL D., « Vers la création de juridictions environnementales ? », *op. cit.*

17. Traitement judiciaire des atteintes à l'environnement – Toutefois, les chiffres montrent que, de la philosophie des idées à la prise en compte effective des enjeux environnementaux par le système judiciaire, il y a un monde. En effet, si le nombre d'infractions environnementales constatées entre 2016 et 2021 est en hausse de 7%[1], on sait malgré tout que nombreuses sont celles qui se perdent dans les incertitudes du chiffre noir des statistiques du ministère de la Justice[2]. En ce sens, on ne peut que tristement constater la persistance de « la "myopie" des institutions judiciaires en matière d'environnement »[3]. *A minima*, il faudrait espérer que le peu d'atteintes constatées fasse l'objet d'une réponse judiciaire satisfaisante. Toutefois, malgré la spécialisation, la prise en compte du contentieux environnemental

---

[1] INTERSTATS, *Les atteintes à l'environnement enregistrées par la police et la gendarmerie entre 2016 et 2021*, n° 46, mai 2022.

[2] ROBACZEWSKI C., « Le traitement judiciaire des "petites" infractions environnementales », *RJA*, 2021, p. 12.

[3] BARONE S., « L'impunité environnementale. L'État entre gestion différentielle des illégalismes et désinvestissement global » [en ligne], *Champ Pénal*, 2018, p. 23, [consulté le 13 mai 2024].

apparait en baisse[1] et son traitement ne peut entrainer pleine satisfaction. En effet, le nombre d'alternatives aux poursuites en la matière semble particulièrement élevé si on le compare au contentieux général[2] et la nouvelle convention judiciaire d'intérêt public environnementale (CJIPE) n'est pas sans rappeler le traitement particulier que l'on peut accorder à la délinquance environnementale. En ce sens, on comprend mieux les raisons pour lesquelles

[1] En effet, le rapport *Une justice pour l'environnement de 2019* souligne que le contentieux environnemental représentait 2% du contentieux dans les années 1990 alors qu'il ne représente plus que 1% des condamnations prononcées chaque année. De plus, le bulletin d'information statistique n° 138 de 2015 à propos du contentieux environnemental relevait qu'en 2014 c'est 21 182 affaires avec auteurs dont les parquets ont été saisis alors qu'en 2021 ce chiffre s'élève 18 200 affaires pour lesquelles au moins un mis en cause a été identifié. V. MINISTÈRE DE LA TRANSITION ÉCOLOGIQUE ET SOLIDAIRE et MINISTÈRE DE LA JUSTICE, *Une justice pour l'environnement*, *op. cit.*, p. 20 ; HAERI K., MUNOZ-PONS V., TOUANSSA M., et *al*, « Spécialisation de la justice pénale environnementale : retour sur la loi du 24 décembre 2020 » [en ligne], *Dalloz actualité*, 2021, [consulté le 28 février 2024] ; INFOSTAT JUSTICE, *La protection de l'environnement devant les tribunaux judiciaires répressifs*, n° 34, décembre 1993 ; INFOSTAT JUSTICE, *Le contentieux de l'environnement : une réponse pénale axée sur la régularisation et la mise en état*, n° 138, novembre 2015 ; INFOS RAPIDES JUSTICE, *18 200 affaires relatives au contentieux de l'environnement traitées par le parquet en 2021*, n° 4, janvier 2023.

[2] S'agissant du contentieux environnemental les alternatives aux poursuites représentent 62% de la réponse pénale (avec un pic à 75% en 2017) contre 39% dans l'ensemble des affaires pénales entre 2015 et 2019. En 2021, c'est 76% de procédures alternatives aux poursuites dont 61% de procédures alternatives réussies et 15% de compositions pénales réussies. V. INFOSTAT JUSTICE, *Le traitement du contentieux de l'environnement par la justice pénale entre 2015 et 2019*, n° 182, avril 2021 ; MINISTÈRE DE LA TRANSITION ÉCOLOGIQUE ET SOLIDAIRE et MINISTÈRE DE LA JUSTICE, *Une justice pour l'environnement*, *op. cit.*, p. 55 ; INFOS RAPIDES JUSTICE, *18 200 affaires relatives au contentieux de l'environnement traitées par le parquet en 2021*, *op. cit.*

la justice environnementale a pu être qualifiée de « justice au rabais »[1], voire de justice inégalitaire[2]. Finalement, comme l'a récemment rappelé l'historien Jean-Baptiste Fressoz « la proclamation des droits de la nature n'aura aucun effet si l'on ne veille pas à leur application »[3]. Or, avec seulement 24% de poursuites en 2021 ainsi que le peu de condamnations prononcées, le constat est sans appel. Dès lors, la spécialisation des juridictions en matière environnementale pourrait, permettre une meilleure gestion de ce contentieux *sui generis*, pour une réponse judiciaire plus effective et satisfaisante au regard des enjeux que représente la justice environnementale.

18. Spécialisation des juridictions en matière environnementale – Selon le rapport *Le procès environnemental* dirigé par Mathilde Hautereau-Boutonnet et Ève Truilhé, en 2016 on comptait déjà 1 200 juridictions internes spécialisées en droit de l'environnement dans 44

---

[1] LAGOUTTE J., « Le chapitre V de la loi n° 2020-1672 du 24 décembre 2020 (et quelques autres évolutions acquises et à venir du droit pénal de l'environnement) : la justice environnementale relevée ? », *Revue pénitentiaire* (non publié), 2020, p. 2.

[2] Julien Lagoutte considère que « sur le principe, cette procédure est hautement inégalitaire ». Tout d'abord parce qu'elle concerne les seules personnes morales — excluant *de facto* les personnes physiques — ; mais également parce qu'il s'agit d'évincer le juge pénal par une sorte de « privatisation de la justice » qui *in fine* « sent mauvais l'achat d'un droit à polluer ». V. LAGOUTTE J., « Joyeux Noël ? Regard sur le chapitre V de la loi du 24 décembre 2020 relative au Parquet européen, à la justice environnementale et à la justice pénale spécialisée » [en ligne], *Dr. pén.*, 2021, p. 10, [consulté le 6 mars 2024] ; LAGOUTTE J., *Environnement* (Fasc.), 2022, p. 54.

[3] MAGNIN L., ROUMÉAS R. et BASIER R., *Polices environnementales sous contraintes*, RUED'ULM, 2024, p. 9.

pays différents[1]. Ainsi, « l'idée de créer des juridictions de l'environnement n'est ni neuve ni originale »[2]. Dès lors, on observe la spécialisation de juridictions ordinaires en Suède, en Chine ou encore au Kenya, mais également la mise en place de juridictions spécialisées en droit de l'environnement parfaitement autonomes en Australie et en Nouvelle-Zélande[3]. La France n'a pas échappé à ce mouvement de spécialisation. Celui-ci, initié en 2001, par la création de six Juridictions du littoral spécialisées (JULIS)[4], puis les Pôles santé publique et environnement (PSPE) en 2004, s'est récemment accéléré avec la loi du 24 décembre 2020[5] créant les Pôles régionaux spécialisés en matière d'atteinte à l'environnement (PRE) ou encore la loi du 22 décembre 2021[6] qui, en matière civile, désigne le tribunal judiciaire de Paris s'agissant des actions relatives au devoir de vigilance. Ce sont les juridictions françaises qui présentent une spécialisation en matière environnementale qui limiteront le champ de notre étude et l'opportunité de la création de nouvelles juridictions

---

[1] TRUILHÉ E. et HAUTEREAU-BOUTONNET M., *Le procès environnemental, Du procès sur l'environnement au procès pour l'environnement, op. cit.*, p. 202-203.

[2] GUÉVEL D., « Vers la création de juridictions environnementales ? », *op. cit.*

[3] TRUILHÉ E. et HAUTEREAU-BOUTONNET M., *Le procès environnemental, Du procès sur l'environnement au procès pour l'environnement, op. cit.*

[4] *Loi n° 2001-380 du 3 mai 2001 relative à la répression des rejets polluants des navires*, Journal officiel, 4 mai 2001, p. 7023.

[5] *Loi n° 2020-1672 du 24 décembre 2020 relative au Parquet européen, à la justice environnementale et à la justice pénale spécialisée, op. cit.*

[6] *Loi n° 2021-1729 du 22 décembre 2021 pour la confiance dans l'institution judiciaire*, Journal officiel, 23 décembre 2021.

spécialisées. En effet, cette spécialisation existe et pourtant le contentieux environnemental continue de faire couler de l'encre en ce qu'il n'apparait pas encore, à ce jour, traité de manière satisfaisante.

19. Problématique – Il s'agira de s'interroger sur la pertinence de la spécialisation des juridictions judiciaires françaises en matière environnementale.

20. Idée générale – Alors que le contentieux environnemental ne représente que 1% de l'ensemble du contentieux pénal, civil et administratif[1] — avec notamment 2 217 condamnations délictuelles pour atteinte environnementale contre 114 590 atteintes délictuelles aux personnes en 2023[2] — et que la spécialisation est couteuse pour un système judiciaire déjà en crise, on peut s'interroger sur la réelle opportunité de cette spécialisation. Pourtant, on le sait, les atteintes à l'environnement identifiées ne représentent que la partie émergée de l'iceberg. Or, la société civile semble de plus en plus sensible à la cause environnementale et en faveur d'une meilleure prise en compte de ce contentieux par nos juridictions. De plus, analogiquement, le terrorisme, qui représente également 1% des crimes sanctionnés en 2021[3], bénéficie d'une juridiction spécialisée. En ce sens, comment rejeter une spécialisation en faveur de la

[1] V. AGOGUET D., ATZENHOFFER D. et DELBOS V., « Justice pour l'environnement : une justice pour prévenir le monde d'après », *RJA*, 2021, p. 9 ; PRIEUR M., BÉTAILLE J., CAMPROUX DUFFRENE M.-P. et *al.*, *Droit de l'environnement*, *op. cit.*, p. 1607.

[2] SSM JUSTICE, *Les chiffres clefs de la justice*, 2023, p. 18.

[3] SSER et SSM JUSTICE, *Les condamnation, Données 2021*, 2022, p. 7.

protection de l'environnement, protection qui, selon le Conseil constitutionnel, conditionne « l'avenir et l'existence même de l'humanité »[1] ! D'ailleurs, cette spécialisation des juridictions en matière environnementale existe. À l'instar de ses homologues en matière économique et financière ou encore criminalité et délinquance organisées, la spécialisation est vue comme un remède contre le traitement inefficace de contentieux complexes. C'est effectivement l'objectif affiché dans l'étude d'impact du projet de loi relatif au parquet européen et à la justice pénale spécialisée de 2020 : « assurer un meilleur traitement du contentieux de l'environnement grâce à une spécialisation accrue des juridictions »[2]. De ce fait, la spécialisation des juridictions françaises à la matière environnementale pourrait permettre de mieux répondre aux maux de la justice environnementale. Pourtant, à ce jour, il semble toujours que ce contentieux ne bénéficie pas d'une réponse judiciaire satisfaisante, notamment en raison de son taux élevé d'alternatives aux poursuites, de classements sans

---

[1] BENEZECH F., « Approche globale de la délinquance environnementale : le rôle des procureurs de la République », *RJA*, 2021, p. 22.

[2] Étude d'impact n° JUSX1933222L, *Étude d'impact du Projet de loi relatif au parquet européen et à la justice pénale spécialisée*, 27 janvier 2020, p. 153.

suites et de relaxes[1]. C'est en ce sens qu'il s'agit de s'interroger sur la pertinence de cette spécialisation. Dès lors, l'objectif de notre étude sera d'étudier les caractéristiques du contentieux environnemental, afin d'identifier s'il constitue véritablement un terrain propice à la spécialisation, tant du point de vue de ses caractéristiques que de sa gestion. Mais, il s'agit également de comprendre les écueils de la spécialisation existante, permettant de justifier le traitement actuel du contentieux environnemental. En ce sens, alors que la dernière réforme de la justice environnementale spécialisée date de 2021, une réforme de plus grande ampleur est peut-être à envisager. En effet, pour reprendre les mots de Didier Guével s'agissant d'un bouleversement de l'organisation juridictionnelle actuelle en matière environnementale : pourquoi ne pas passer « du rêve à l'égarement »[2] ?

21. Annonce de plan – Dès lors, il s'agira dans un premier temps d'étudier l'opportunité de la spécialisation des juridictions en matière environnementale (PARTIE 1) avant d'étudier dans un second temps la réalisation

[1] En 2016, selon les chiffres du ministère de la justice, seul 18% des infractions environnementales signalées ont fait l'objet de poursuites alors que c'est 46% pour l'ensemble des infractions ; et ce alors que le pourcentage d'auteurs « poursuivables » dans ces contentieux est similaire. En 2018, s'agissant du contentieux environnemental il y aurait eu 12% de classement sans suite en opportunité et le taux de relaxe serait supérieur à 10%. V. TRUILHÉ E. et HAUTEREAU-BOUTONNET M., *Le procès environnemental, Du procès sur l'environnement au procès pour l'environnement*, *op. cit.*, p. 209 ; ROBACZEWSKI C., « Le traitement judiciaire des “petites” infractions environnementales », *op. cit.*, p. 13 ; 16.

[2] GUÉVEL D., « Vers la création de juridictions environnementales ? », *op. cit*

délicate de la spécialisation en matière environnementale (PARTIE 2).

PARTIE 1 – L'OPPORTUNITÉ DE LA SPÉCIALISATION DES JURIDICTIONS EN MATIÈRE ENVIRONNEMENTALE

22. Annonce – Lorsque Faustin Hélie théorise la classification tripartite des juridictions d'exception, il met en lumière le fait que la spécialisation peut être le moyen de prendre en compte la spécificité de certaines infractions et leur technicité[1]. Cette prise en compte est en effet nécessaire lorsque le traitement d'un contentieux présente des difficultés pour les juridictions de droit commun. Ainsi, la spécialisation des juridictions poursuit sans conteste l'objectif d'une meilleure gestion du contentieux spécialisé, afin d'optimiser la réponse judiciaire pour la juridiction qui sera matériellement compétente. Dès lors, on peut considérer que la spécialisation est opportune si on observe que ce sont les caractéristiques du contentieux qui conduisent à sa mauvaise gestion et si la spécialisation permet de traiter et combler les lacunes des juridictions de droit commun. En ce sens, il s'agit de voir si les particularités de la matière environnementale constituent un terrain propice à la spécialisation, en ce qu'elles entrainent un traitement inefficace ou délicat de ce contentieux par les juridictions de droit commun et si, la spécialisation peut être le remède qui permettrait une prise en charge effective et optimisée des particularités de ce contentieux. À cet égard, il s'agira d'étudier l'utilité matérielle et le besoin pratique de cette spécialisation des

[1] GUINCHARD S. et BUISSON J., *Procédure pénale*, *op. cit.*

juridictions en matière environnementale. Dès lors, nous apprécierons l'opportunité d'une spécialisation juridictionnelle à l'égard des caractéristiques du contentieux environnemental (Chapitre 1) et de la gestion du contentieux environnemental (Chapitre 2).

Chapitre 1 – Une spécialisation utile au regard des caractéristiques du contentieux environnemental

23. Annonce – Le contentieux environnemental est un contentieux *sui generis* difficile à catégoriser au sein de l'organisation juridictionnelle classique. En effet, les caractéristiques de la matière bousculent les critères traditionnels de répartition du contentieux et pourraient substantiellement justifier l'utilité de la spécialisation. À ce titre, d'aucuns relèvent que le droit de l'environnement « est un droit complexe et interdisciplinaire »[1] ; il s'agit des attributs les moins contestés du droit de l'environnement[2]. Dès lors, il convient d'examiner si la spécialisation des juridictions peut constituer un moyen permettant de dépasser certaines difficultés eu égard aux caractéristiques principales du contentieux environnemental : la transversalité d'abord — avec le droit administratif, pénal, civil et les différents domaines environnementaux — (Section 1), la complexité ensuite — par les caractéristiques substantielles de la matière (Section 2).

---

1 TRUILHÉ E. et HAUTEREAU-BOUTONNET M., *Le procès environnemental, Du procès sur l'environnement au procès pour l'environnement*, *op. cit.*, p. 221.

2 MOLINER-DUBOST M., *Droit de l'environnement*, Dalloz, 2019, p. 5.

Section 1 – La transversalité du contentieux environnemental

24. Annonce – Le contentieux environnemental est un contentieux qui est difficile, voire impossible à catégoriser. En effet, la transversalité s'observe intrinsèquement par le caractère hybride de la matière, mais également extrinsèquement du point de vue de la pluralité de formes que peut prendre le contentieux environnemental lorsqu'il se concrétise au sein d'un litige. Or, cette transversalité complexifie l'appréhension de la matière par les magistrats et la spécialisation pourrait leur permettre de mieux se saisir de ces dossiers. Néanmoins, un auteur nous avertit que « les magistrats concernés sont de meilleurs spécialistes, s'ils savent rester de bons généralistes »[1]. En ce sens, la spécialisation d'un contentieux transdisciplinaire, générant *de facto* des litiges transversaux, peut également être un écueil. Dès lors, il s'agira d'étudier l'utilité de la spécialisation des juridictions au contentieux environnemental eu égard au bouleversement des dichotomies traditionnelles que ce contentieux génère (§1) et des différentes formes que peut prendre le contentieux environnemental (§2).

[1] TRUILHÉ E. et HAUTEREAU-BOUTONNET M., *Le procès environnemental, Du procès sur l'environnement au procès pour l'environnement*, *op. cit.*

§1 – Le bouleversement des dichotomies traditionnelles

25. Annonce – Traditionnellement en France le contentieux est reparti entre les juridictions de l'ordre administratif et celles de l'ordre judiciaire ; puis au sein de l'ordre judiciaire, on oppose classiquement le civil au pénal. Or, le contentieux environnemental bouscule ces dichotomies et par là même l'organisation classique des juridictions. En ce sens, il s'agira d'étudier l'opportunité de la spécialisation s'agissant de ses caractéristiques qui dépassent l'opposition des matières judiciaires et administratives (A), mais également civiles et pénales (B).

A - Le dépassement de l'opposition des matières judiciaires et administratives

26. « Deux juges-deux droits »[1] – L'opposition de la matière administrative à la matière judiciaire remonte à la période révolutionnaire avec l'article 13 de la loi des 16-24 août 1790 qui dispose que « les fonctions judiciaires sont distinctes et demeurent toujours séparées des fonctions administratives ». Ainsi, nait l'actuel dualisme juridictionnel duquel découle le dualisme juridique. Sur ce point, Didier Truchet nous rappelle que le droit français est divisé en deux corps de règles — le droit privé et le droit public — et que, par la liaison de la compétence et du fond, il revient au juge administratif d'appliquer le droit public, tandis qu'il revient au juge judiciaire d'appliquer le

[1] TRUCHET D., « Dualisme juridictionnel », dans Cadiet Loïc (dir.), *Dictionnaire de la Justice*, PUF, 2004, p. 377-380.

droit privé[1]. Toutefois, la particularité du droit de l'environnement est précisément de remettre en cause cette dichotomie.

27. « Droit public ou droit privé ? »[2] – Julien Lagoutte introduit le colloque *L'apport du droit privé à la protection de l'environnement* en indiquant que traditionnellement et sur le plan normatif le droit de l'environnement est rattaché au droit administratif[3]. Rattachement qui s'explique par le contexte historique dans lequel s'est formée la matière, mais également en raison de ce que représente le droit de l'environnement. En effet, comment ne pas voir dans la protection de l'environnement une composante de l'intérêt général et dans les règles qui la garantissent une forme d'ordre public écologique[4] ? L'article 1er de la loi du 10 juillet 1976 dispose d'ailleurs que : « La protection des espaces naturels […] et la protection des ressources naturelles contre toutes les causes de dégradation qui les menacent sont d'intérêt général ». De ce fait, le droit de l'environnement est originellement enseigné dans les parcours de droit public. Ainsi, les manuels de droit de l'environnement témoignent de cette forte empreinte du droit public puisqu'ils apparaissent très majoritairement

---

[1] *Ibid.*

[2] ROMI R., AUDRAIN-DEMAY G. et LORMETEAU B., *Droit de l'environnement et du développement durable*, *op. cit.*, p. 23.

[3] LAGOUTTE J., Introduction, dans Lagoutte Julien (dir.), *L'apport du droit privé à la protection de l'environnement*, mare & martin, 2022, p. 19.

[4] VAN LANG A., *Droit de l'environnement*, *op. cit.*, p. 86 ; 87.

rédigés par des publicistes tels que Agathe Van Lang[1], Michel Prieur[2], Marianne Moliner-Dubost[3] ou encore Laurent Fonbaustier[4]. Cependant, le droit privé n'est pas resté indifférent à la matière environnementale et de ce fait les privatistes s'y sont également intéressés[5]. La consécration en 2016 dans le Code civil — corpus emblématique des règles de droit privé — de la notion de préjudice écologique est une illustration de l'immixtion du droit privé dans le droit de l'environnement. On ne peut plus nier que le droit de l'environnement concerne également les rapports entre les personnes de droit privé. Mathilde Hautereau-Boutonnet écrit même que le Code civil devient aujourd'hui « un code pour

---

[1] Agathe Van Lang est Professeure de Droit public et responsable de la formation *Droit de l'environnement et des transitions écologistes*. Elle a rédigé un manuel intitulé *Droit de l'environnement* paru aux éditions PUF. V. VAN LANG A., *Droit de l'environnement, op. cit.*

[2] Michel Prieur est Professeur de Droit public et spécialiste du droit de l'environnement. Il est le rédacteur principal du manuel intitulé *Droit de l'environnement* paru aux éditions Dalloz. V. PRIEUR M., BÉTAILLE J., CAMPROUX DUFFRENE M.-P. et *al.*, *Droit de l'environnement, op. cit.*

[3] Marianne Moliner-Dubost est Maitre de conférence en Droit public et co-directrice du *Master Droit global du changement climatique*. Elle a rédigé un manuel intitulé *Droit de l'environnement* paru aux éditions Dalloz. V. MOLINER-DUBOST M., *Droit de l'environnement, op. cit.*

[4] Laurent Fonbaustier est Professeur de Droit public et responsable d'un *Master de droit de l'environnement*. Il a édité un manuel intitulé *Manuel de droit de l'environnement* paru aux éditions PUF. V. FONBAUSTIER L., *Manuel de droit de l'environnement, op. cit.*

[5] Sur ce point, on constate notamment qu'à l'occasion du colloque *Droit public et droit privé de l'environnement : unité dans la diversité ?*, la doctrine a mis en exergue la transversalité de ce droit. V. MEKKI M. et NAIM-GESBERT E. (dir.), *Droit public et droit privé de l'environnement : unité dans la diversité ?*, L.G.D.J., 2016.

l'environnement »[1] en ce qu'il renferme des droits et mécanismes utiles à sa protection. Enfin, le colloque *L'apport du droit privé à la protection de l'environnement*[2], par sa dénomination, est la preuve que la doctrine privatiste ne se veut pas étrangère à la matière et que les outils de droit privé trouvent une place dans l'application du droit de l'environnement. En outre, l'émergence des enseignements de « droit privé de l'environnement » ou encore de « droit pénal de l'environnement » dans les facultés de droit[3] est l'ultime confirmation de l'hybridation de ce droit. On constate donc un éparpillement des règles applicables au contentieux environnemental et le bouleversement de cette grande *summa divisio* qui oppose traditionnellement le droit public au droit privé. Enfin, la fusion du droit public et du droit judiciaire se traduit également par des textes qui combinent par jeu de renvoi la norme administrative et la norme judiciaire. En ce sens, les magistrats de l'inspection générale de la justice parlent de « droit inféodé à la norme administrative »[4]. Force est de constater que le droit de l'environnement relève donc aujourd'hui à la fois du droit public et du droit privé. C'est la raison pour laquelle certains auteurs s'aventurent à considérer qu'il s'agit d'un droit mixte[5] puisqu'il se situe

---

[1] HAUTEREAU-BOUTONNET M. *Le code civil, un code pour l'environnement*, Dalloz, 2021.

[2] LAGOUTTE J. (dir.), *L'apport du droit privé à la protection de l'environnement*, mare & martin, 2022.

[3] VAN LANG A., *Droit de l'environnement*, *op. cit.*, p. 87.

[4] AGOGUET D., ATZENHOFFER D., DELBOS V. et *al.*, « Les incriminations environnementales », *RJA*, 2021, p. 85.

[5] FONBAUSTIER L., *Manuel de droit de l'environnement*, *op. cit.*, p. 27.

aux frontières des deux matières[1]. Or, cette transversalité des règles applicables rend la matière moins accessible et lisible et ce « même pour un magistrat aguerri »[2]. En effet, l'éparpillement des normes additionné à leur multiplication et à leur mixité ne peut être qu'un frein à l'applicabilité de ce droit devant les tribunaux. Cette difficulté est d'ailleurs soulevée dans le rapport *Le traitement pénal du contentieux de l'environnement* qui relève que la spécialisation des magistrats en ce qu'elle participe « à la connaissance et la maîtrise de ces règles [...], est assurément un facteur de renforcement de cette effectivité »[3]. En effet, le contentieux environnemental n'est pas le quotidien des juridictions non spécialisées puisqu'il ne représente que 1% du contentieux général[4] ; il va donc nécessiter un travail de recherche normatif additionnel pour des magistrats débordés dans les services de droit commun[5]. En ce sens, le contentieux

---

[1] ROMI R., AUDRAIN-DEMAY G. et LORMETEAU B., *Droit de l'environnement et du développement durable*, *op. cit.*

[2] PARQUET GÉNÉRAL, Molins François (dir.), *Le traitement pénal du contentieux de l'environnement*, 2023, p. 18.

[3] *Ibid.*

[4] V. AGOGUET D., ATZENHOFFER D. et DELBOS V., « Justice pour l'environnement : une justice pour prévenir le monde d'après », *op. cit.*, p. 9 ; PRIEUR M., BÉTAILLE J., CAMPROUX DUFFRENE M.-P. et *al.*, *Droit de l'environnement*, *op. cit.*, p. 1607.

[5] S'agissant de la particularité du contentieux environnemental Clement Baudoin considère que « Les tribunaux peuvent se voir démunis. [...] Ils se retrouvent confrontés aux réalités d'un monde judiciaire souffreteux, dont le manque de personnel et la masse de travail ne permettent pas de rendre une décision judiciaire efficace dans un temps tout au moins tolérable. [...] La création d'une juridiction spécialisée retrouve tout son sens ». V. BAUDOIN C., « Une justice environnementale efficace est une justice spécialisée » [en ligne], *Actu-Juridique*, 2023, [consulté le 28 février 2024].

environnemental apparait propice à la spécialisation ; considérant qu'un juge dédié serait plus à même de traiter ce contentieux aux règles dispersées.

28. Transversalité des acteurs – Par une belle allégorie maritime, Gilles J. Martin met en exergue le fait que l'équipage à bord du navire du droit de l'environnement provient d'horizons variés[1]. Ainsi, la transversalité du droit de l'environnement s'observe également s'agissant de ses acteurs et notamment s'agissant des polices qui interviennent dans le contentieux environnemental. En effet, la dualité qui oppose normalement la police administrative — sous la tutelle du préfet poursuivant une finalité préventive — et la police judiciaire — dirigée par le procureur de la République poursuivant une finalité répressive — se retrouve bousculée au sein des enquêtes visant des atteintes à l'environnement. Le contentieux environnemental peut ainsi impliquer une collaboration de ces acteurs et les polices administratives spéciales de l'environnement peuvent se retrouver subrogées dans les droits des traditionnels officiers de police judiciaire[2]. La figure emblématique de cette fusion est l'inspecteur de l'environnement qui, depuis la loi du 24 décembre 2020, dispose « des mêmes prérogatives et obligations que celles

---

1 MARTIN, G.-J., Rapport de synthèse, dans Mekki Mustapha et Naim-Gesbert Éric (dir.), *Droit public et droit privé de l'environnement : unité dans la diversité ?*, L.G.D.J., 2016, p. 225-235.

2 Les agents compétents pour mener les enquêtes de police administrative disposent aussi de pouvoirs de police judiciaire.

attribuées aux officiers de police judiciaire »[1]. Ainsi, le procureur saisi de la direction d'une enquête qui a trait à une infraction environnementale est amené à collaborer avec de nouveaux interlocuteurs, et non des moindres : vingt-cinq polices de l'environnement qui renvoient elles-mêmes à soixante-dix catégories d'agents différents[2]. On comprend comment la direction des enquêtes peut s'avérer périlleuse pour un juge non spécialisé qui ne sait pas nécessairement qui sont ses interlocuteurs ou à quel service spécialisé il doit faire appel[3]. Or, comme tout bon équipage, il est nécessaire que ses différents matelots apprennent à naviguer ensemble afin de mener à bon port cette embarcation. En ce sens, la spécialisation — ou *a minima* la sensibilisation — de nos procureurs au droit de l'environnement permettrait de hisser les voiles vers une optimisation de l'effectivité des enquêtes.

29. « Deux juges-un droit »[4] – Comme le veut notre droit, la dichotomie qui oppose normalement les matières administrative et judiciaire implique une liaison de la compétence et du fond[5]. En ce sens, le droit de l'environnement devrait principalement relever de l'ordre

---

[1] CPP, art. 28-1 ; MOUNIER S., Écologi(sm)e et politique pénale des autorités administratives, dans Lagoutte Julien (dir.), *Écologisme et droit pénal* [en ligne], Lexbase Pénal, 2023, p. 51 s.

[2] MAGNIN L., ROUMÉAS R. et BASIER R., *Polices environnementales sous contraintes*, *op. cit.*, p. 30.

[3] VIVER-DARVIOT M., *La spécialisation des juridictions au contentieux environnemental* [entretien] mené par Coudry Camille, Bordeaux, 2 mai 2024, Annexe 4.

[4] TRUCHET D., « Dualisme juridictionnel », dans Cadiet Loïc (dir.), *Dictionnaire de la Justice*, *op. cit.*

[5] *Ibid.*

administratif. Or, la nature hybride du contentieux environnemental entraine *de facto* une oscillation entre les deux ordres[1]. Et, si la formule « deux juge-deux droits »[2] tend naturellement à évoluer vers « deux juges-un droit »[3], cette seconde acception semble d'autant plus vraie avec le droit de l'environnement balloté entre l'ordre administratif et judiciaire. Or, cette fragmentation du contentieux environnemental a été identifiée par les derniers rapports comme l'une des causes du mauvais traitement judiciaire des atteintes à l'environnement[4]. En effet, une grande partie des dommages environnementaux résulte des décisions prises par les autorités administratives. Dès lors, « la dualité des ordres de juridiction amène souvent le juge pénal à attendre que le processus administratif aille à son terme pour décider ou non de donner suite »[5]. Ainsi, le droit judiciaire habitué à ce que le pénal tienne les autres

---

[1] NAIM-GESBERT E., *Droit général de l'environnement*, Lexis Nexis, 2024, p. 75.

[2] TRUCHET D., « Dualisme juridictionnel », dans Cadiet Loïc (dir.), *Dictionnaire de la Justice, op. cit.*

[3] Le Professeur Didier Truchet soulève en effet que le droit privé et le droit public tendent de plus en plus à se rapprocher en raison de leurs sources communes que sont notamment : la jurisprudence constitutionnelle, le droit communautaire et la jurisprudence de la CEDH. V. TRUCHET D., « Dualisme juridictionnel », dans Cadiet Loïc (dir.), *Dictionnaire de la Justice, op. cit.*, p. 380.

[4] V. PARQUET GÉNÉRAL, Molins François (dir.), *Le traitement pénal du contentieux de l'environnement, op. cit.*, p. 12 ; MINISTÈRE DE LA TRANSITION ÉCOLOGIQUE ET SOLIDAIRE et MINISTÈRE DE LA JUSTICE, *Une justice pour l'environnement, op. cit.*, p. 30 ; HAERI K., MUNOZ-PONS V., TOUANSSA M., et *al*, « Spécialisation de la justice pénale environnementale : retour sur la loi du 24 décembre 2020 », *op. cit.*

[5] MINISTÈRE DE LA TRANSITION ÉCOLOGIQUE ET SOLIDAIRE et MINISTÈRE DE LA JUSTICE, *Une justice pour l'environnement, op. cit.*

matières en l'état se retrouve en partie soumis, s'agissant des infractions environnementales, à cette action administrative. Sur ce point, la spécialisation des juridictions (voire le fantasme d'un dépassement de ce dualisme) pourrait participer à une meilleure effectivité du droit de l'environnement en mettant fin au partage du contentieux entre les juridictions[1]. À cet égard, d'aucuns relèvent que les tribunaux spécialisés permettent *de facto* l'apparition d'un nouvel ordre de juridiction au sein de l'actuel dualisme[2].

30. Transition – La spécialisation apparait donc comme un moyen de dépasser la dichotomie mise à mal par les contentieux transversaux, sans pour autant remettre en cause l'intégralité de notre système juridictionnel. Il y aurait « un juge-un droit » permettant à une seule juridiction de traiter l'intégralité du contentieux pour plus d'effectivité et de clairvoyance. Elle aurait ainsi une vision globale de la matière et toutes les clefs en main pour optimiser la réponse judiciaire. De plus, le contentieux environnemental semble remettre en cause une autre *summa divisio* : celle qui oppose le droit civil au droit pénal.

---

1 GUÉVEL D., « Vers la création de juridictions environnementales ? », *op. cit.*

2 VAN LANG A., *Droit de l'environnement*, *op. cit.*, p. 88.

B - Le dépassement de l'opposition des matières civiles et pénales

31. Unité de la justice civile et répressive – Michèle-Laure Rassat indique que « le grand public a tendance à croire qu'il existe au sein des juridictions judiciaires des juridictions qui jugent les procès civils et d'autres qui se consacrent à la punition des infractions »[1]. On a en effet tendance à opposer le droit civil au droit pénal en ce qu'ils ne poursuivent pas les mêmes objectifs : la réparation pour l'un et la sanction pour l'autre. Pourtant, selon le principe de l'unité de la justice civile et pénale « les juges judiciaires ne sont pas organiquement spécialisés et peuvent donc siéger aussi bien dans les instances civiles que dans les instances pénales »[2]. En France, c'est donc le principe d'unité au sein de la justice judiciaire qui gouverne notre organisation juridictionnelle. Ce principe est un héritage de Napoléon 1er qui souhaitait rompre avec la période révolutionnaire durant laquelle les justices civiles et pénales étaient séparées[3]. Cette unité est mise en musique par la formation unique des magistrats de l'ordre judiciaire qui pourront au cours de leur carrière exercer alternativement des fonctions pénales et civiles. Alors, pourquoi dépasser cette pseudo-dualité ? Parce que, si les juridictions pénales peuvent statuer sur les intérêts

---

[1] RASSAT M. L., *La justice en France* [en ligne], PUF, 2007, p. 39-65, [consulté le 19 mai 2024].

[2] GUINCHARD S., *Lexique des termes juridiques*, *op. cit.*, p. 1088.

[3] Napoléon souhaitait ainsi redonner de sa superbe à la juridiction répressive. V. GIUDICELLI-DELAGE G., « Justice pénale », dans Cadiet Loïc (dir.), *Dictionnaire de la Justice*, *op. cit.*, p. 780.

civils[1], la réciproque n'est pas vraie. S'interroger sur le dépassement de cette dichotomie n'est donc pas hors de propos, particulièrement lorsque certaines fonctions spécialisées — tel le juge des enfants — se sont déjà affranchies de cette dualité cumulant à la fois une casquette pénale et civile.

32. Dépassement d'une dualité pratique – Usuellement, la majorité des contentieux pénaux connaissent *de facto* un pendant civil. C'est le cas du contentieux environnemental. En effet, les atteintes à l'environnement peuvent causer des préjudices à des particuliers, mais également plus généralement à l'environnement lui-même derrière la notion de préjudice écologique. Ces préjudices sont traditionnellement réparés par les juridictions civiles, mais le sont également par les juridictions répressives lorsqu'elles sont amenées à se prononcer sur les intérêts civils à l'issue du procès pénal. En ce sens, le contentieux environnemental ne diffère pas véritablement des autres contentieux. Pourquoi alors souhaiter dépasser cette dichotomie ? En premier lieu, par analogie avec le juge des enfants, le rapport *Une justice pour l'environnement*[2] considère que cette spécialisation permettrait une meilleure prise en compte des intérêts de l'environnement à l'instar des juridictions pour mineurs qui permettent une meilleure prise en compte de l'intérêt supérieur de l'enfant. Il s'agirait d'un signal fort sur la volonté de mieux prendre en compte l'environnement. En

---

[1] CPP, art. 3.

[2] MINISTÈRE DE LA TRANSITION ÉCOLOGIQUE ET SOLIDAIRE et MINISTÈRE DE LA JUSTICE, *Une justice pour l'environnement*, *op. cit.*, p. 83.

second lieu, l'enjeu du contentieux environnemental est la réparation des atteintes à l'environnement. Or, à ce titre, tant le juge pénal que le juge civil, peuvent prescrire des mesures de réparation[1]. Ainsi, la fusion de ces deux fonctions permettrait une meilleure coordination de ces mesures, mais également un meilleur suivi de l'exécution des décisions. En outre, le rapport *Le traitement pénal du contentieux de l'environnement* relève que l'actuelle spécialisation des juridictions environnementales « complexifie l'organisation judiciaire et l'articulation de la compétence [...] des juridictions pénales avec les juridictions civiles »[2]. En ce sens, l'unification de cette spécialisation par la création d'une juridiction bénéficiant à la fois des fonctions civiles et des fonctions pénales permettrait de clarifier cette organisation au profit d'une meilleure effectivité de ce droit. De plus, celle-ci optimiserait le coût de la spécialisation en évitant l'addition, voire l'accumulation, de juridictions spécialisées au civil et au pénal, en optant pour un juge à la double compétence.

33. Transition – Néanmoins, l'utilité de cette spécialisation du point de vue du caractère transversal du contentieux environnemental s'observe au-delà de ces dichotomies eu égard aux différentes formes que peut prendre le contentieux environnemental.

---

[1] Au civil, selon l'article 1249 C. civ., la réparation du préjudice écologique s'effectue en priorité en nature. Au pénal, l'article 41-1-3 du CPP s'agissant également de la réparation du préjudice écologique.

[2] PARQUET GÉNÉRAL, Molins François (dir.), *Le traitement pénal du contentieux de l'environnement*, *op. cit.*, p. 9.

§2. La polymorphie *ratione materiae* du contentieux environnemental

34. Annonce – Le contentieux environnemental fait partie de ces contentieux qui embrassent avec eux des disciplines extrinsèques ou intrinsèques au droit de l'environnement. En ce sens, le contentieux environnemental peut prendre des formes diverses selon les matières qu'il croise : il est polymorphe[1]. Il s'agira d'étudier l'opportunité de la spécialisation s'agissant de cette spécificité. Il est en effet des litiges classiquement « à cheval » sur le droit de l'environnement (A), voire avec d'autres domaines environnementaux (B).

A. Des litiges classiquement « à cheval » sur le droit de l'environnement

35. Convergence des contentieux – Selon l'expression de Mathilde Hautereau-Boutonnet et Ève Truilhé, il existe des litiges « à cheval sur le droit de l'environnement »[2]. En effet, la transversalité du contentieux environnemental s'observe également par sa convergence avec d'autres matières du droit, le droit de l'environnement étant propice à la rencontre d'autres contentieux. Par exemple, classiquement, une entreprise

---

[1] V. Le rapport *Le traitement pénal du contentieux de l'environnement* qui qualifie le contentieux environnemental de polymorphe : PARQUET GÉNÉRAL, Molins François (dir.), *Le traitement pénal du contentieux de l'environnement*, *op. cit.*, p. 14 ; 18 ; 72.

[2] TRUILHÉ E. et HAUTEREAU-BOUTONNET M., *Le procès environnemental, Du procès sur l'environnement au procès pour l'environnement*, *op. cit.*, p. 212.

qui ne respecte pas une réglementation environnementale en déversant illégalement des produits chimiques dans les eaux, porte directement atteinte aux écosystèmes locaux, mais entraine également des conséquences de santé publique. Le contentieux du déversement illégal de produit chimique cause alors de concert une atteinte à l'environnement *stricto sensu* et à la santé des personnes situées dans la zone concernée.

36. Manifestation légale de la transversalité – Cette transversalité du droit de l'environnement se traduit concrètement par le champ d'application *ratione materiae* de certaines juridictions spécialisées. En effet, lorsqu'on étudie la compétence d'attribution de certaines juridictions, on observe la prise en compte d'infractions environnementales. Par exemple, les articles 706-75, 706-73 19° et 706-73-1 7° et 9° du Code de procédure pénale — organisant la compétence des JIRS en matière de criminalité et délinquance organisées — visent expressément des atteintes à l'environnement. Or, ce rapprochement du contentieux environnemental avec la délinquance et la criminalité organisées n'est pas étonnant. En effet, on imagine aisément un trafic d'espèces protégées au milieu de trafics d'être humains, stupéfiants ou encore d'armes, avec qui la criminalité environnementale entretient des liens[1]. Le contentieux environnemental se retrouve ainsi « à cheval » sur des infractions de criminalité et délinquance organisées. De plus, ce chevauchement s'observe également avec la

---

[1] LAGOUTTE J., *Environnement* (Fasc.), 2022, p. 20.

délinquance économique et financière[1]. Ce n'est d'ailleurs pas un hasard si la quatrième chambre correctionnelle du tribunal judiciaire de Bordeaux traite à la fois des infractions économiques et financières et des atteintes à l'environnement[2]. Enfin, preuve irréfutable de la combinaison du contentieux environnemental avec d'autres contentieux : les Pôles santé publique et environnement (PSPE) qui par leur dénomination même démontrent la fusion et la porosité des litiges environnementaux avec ceux de santé publique[3].

37. Spécialisation et superposition de complexité – Cette convergence du contentieux environnemental avec d'autres matières du droit peut en complexifier l'appréhension. De plus, on relève qu'elle se fait avec des contentieux déjà considérés comme spécialisés et complexes (par exemple, criminalité et délinquance organisées ou matière économique et financière). Or, ce phénomène ne peut que nuire à la gestion du contentieux environnemental. En effet, bien que traité au sein de juridictions spécialisées (par exemple la JIRS), il ne s'agit pas de spécialistes de l'environnement. Ainsi, le contentieux environnemental demeure secondaire et accessoire aux infractions principalement identifiées

---

[1] La magistrate Marie Lafitte soulève que « outre les infractions au Code de l'environnement, les qualifications d'escroquerie et blanchiment en bande organisée sont également visées ». V. LAFITTE M., « L'information judiciaire environnementale en matière de criminalité organisée », *RJA*, 2021, p. 43.

[2] Annexe 1 : Organigramme du siège du TJ de Bordeaux (Janvier 2024).

[3] GADAUD J-.L., « Le défi d'une réponse judiciaire adaptée aux contentieux pénaux sériels en santé publique, accidents collectifs et environnement lors de l'instruction préparatoire », *RJA*, 2021, p. 37.

puisque sa gestion relève toujours de magistrats non spécialisés à ce contentieux. Or, il peut être difficile pour ces derniers de saisir les enjeux environnementaux d'un dossier au regard de la technicité scientifique imposée par la matière. En ce sens, la spécialisation pourrait présenter comme utilité de replacer le contentieux environnemental au cœur des enjeux qu'il soulève, pour ne pas être dilué parmi les autres contentieux avec qui il partage un litige. Elle permettrait alors une meilleure effectivité de la réparation des atteintes à l'environnement. Néanmoins, reste à envisager quelle forme de spécialisation est la plus opportune afin de ne pas morceler ces contentieux pluridisciplinaires et continuer de profiter d'une approche globale bienvenue pour ces litiges[1].

38. Transition – La rencontre des litiges environnementaux avec d'autres contentieux est donc courante, toutefois, la transversalité s'observe également en son sein par le chevauchement intrinsèque des domaines environnementaux.

B. Le chevauchement des domaines environnementaux

39. Une économie juridique variée – Le droit de l'environnement est une matière très vaste. En effet, on comprend rapidement, à la simple lecture du plan du Code de l'environnement, que la segmentation du contentieux environnemental en différents domaines ne manque pas. On relève par exemple un Titre Ier sur l'eau, les milieux

---

[1] V. *Infra*, Partie 2, Chapitre 2, n° 133 s.

aquatiques et marins, un Titre II sur l'air et l'atmosphère, un Titre IV sur les sols et sous-sols ou encore un Chapitre III sur la détention en captivité d'animaux. D'aucuns affirment ainsi que « son économie juridique est composée de divers domaines : pêche, chasse, biodiversité, écodiversité, gaz à effet de serre… »[1]. La bio–diversité dans toute sa splendeur ! À ce titre, c'est un droit souvent décrit comme « protéiforme »[2]. En ce sens, il est propice à « un émiettement de [sa] discipline, poussé par des forces centrifuges : ici un droit de l'énergie, là un droit de la santé (fût-elle environnementale ou globale) ; plus loin la "niche" d'un droit climatique ou plus près un droit du vivant possiblement porté par une philosophie empruntant la voie de l'éthique animale »[3]. Ces différents droits sont ainsi le résultat de la fragmentation du droit de l'environnement en différents domaines plus restreints. Or, ce morcellement n'est pas que théorique puisqu'il s'observe concrètement dans le premier mouvement de spécialisation des juridictions qui crée des juridictions du littoral (JULIS), preuve de l'existence de différentes formes de contentieux environnementaux.

40. Rencontre des domaines environnementaux – Si le contentieux environnemental

---

[1] BAUDOIN C., « Une justice environnementale efficace est une justice spécialisée », *op. cit.*

[2] BOUCHERIFI T., *Le traitement des atteintes à l'environnement par la justice pénale* [en ligne], mémoire, droit, Aix-Marseille Université, 2022, p. 8, [consulté le 27 février 2024].

[3] FONBAUSTIER L., L'écologisme dans le discours de la doctrine environnementaliste, dans Lagoutte Julien (dir.), *Écologisme et droit pénal*, *op. cit.*

se recoupe avec la criminalité et la délinquance organisées ou encore les infractions financières, les différents domaines dans lesquels il se subdivise ont également parfois tendance à se superposer. Par exemple, une usine spécialisée dans la fabrication de produits chimiques peut tout à la fois rejeter des effluents toxiques non traités directement dans la rivière, émettre des quantités excessives de gaz polluants et stocker des déchets industriels dangereux sur des terrains non adaptés. Elle porte donc à la fois atteinte au milieu aquatique et à la qualité de l'air et des sols. Ces différentes atteintes peuvent également toucher la biodiversité ainsi que la faune et la flore qu'elle abrite. En ce sens, différents domaines du droit de l'environnement peuvent converger au sein d'un même litige permettant d'observer un chevauchement des domaines environnementaux. Or, chacun de ces contentieux nécessite des compétences particulières afin d'être parfaitement appréhendé. Aussi, la police de l'environnement est elle-même fragmentée entre ces différents contentieux. Un auteur affirme ainsi qu' « il n'y a pas une police de l'environnement, mais des polices de l'environnement »[1]. Par exemple, il existe la police antibraconnage, la police des industries ou encore les polices de l'eau et de la nature. Dès lors, les polices spécialisées dans ces différents domaines, doivent dans les contentieux pluriels collaborer. À ce titre, la réunion des litiges « à cheval » au sein d'une seule et même juridiction spécialisée permettrait d'éviter une accumulation de spécialisations et une complexification de l'organisation juridictionnelle. Cette juridiction serait spécialisée de

[1] MAGNIN L., ROUMÉAS R. et BASIER R., *Polices environnementales sous contraintes*, *op. cit.*, p. 19.

manière générale à la matière environnementale et pourrait disposer en son sein des moyens lui permettant d'appréhender l'ensemble des différents domaines environnementaux. Ainsi, elle bénéficierait d'une vision globale sur la matière pour optimiser la coordination de ses différents acteurs. Dès lors, le chevauchement *ratione materiae* des litiges environnementaux entre eux constitue un terrain fertile à la spécialisation. Néanmoins, il semble qu'elle devra prendre en compte la particularité des différents domaines environnementaux sans pour autant tomber dans l'hyperspécialisation qui conduirait incontestablement à morceler le contentieux entre différentes juridictions spécialisées dans des secteurs de l'environnement.

41. Transition – Si cette transversalité entraine *de facto* une complexification du contentieux environnemental, cette complexité apparait également substantielle au droit de l'environnement.

Section 2 - La complexité du contentieux environnemental

42. Annonce – Durkheim considérait que la complexification des rapports sociaux et des professions était vectrice de spécialisation[1]. Par analogie, la complexité du contentieux pourrait conduire et justifier la spécialisation en ce que cette dernière permet de dominer

[1] CONEN HUTHER, J, « Complexité », dans Arnaud André-Jean (dir.), *Dictionnaire encyclopédique de théorie et de sociologie du droit*, L.G.D.J., 1993, p. 83.

la première[1]. Sur ce point, Edgar Morin considère que l'accroissement des capacités organisationnelles permet de diminuer les contraintes[2]. Or, aux côtés de la criminalité et délinquance organisées, de la délinquance numérique ou encore financière, le contentieux environnemental se classe précisément parmi les contentieux complexes. Ceux-ci partagent en effet des caractéristiques communes telles que la pluralité de victimes, la technicité ou encore l'étendue géographique permettant précisément de les distinguer des contentieux communs. Néanmoins, la complexité du contentieux environnemental s'observe également s'agissant de ses spécificités propres, sources de difficultés s'agissant de l'appréhension de la matière par les juridictions saisies de ces litiges. En ce sens, la spécialisation des juridictions pourrait permettre de mieux traiter les atteintes à l'environnement. Il s'agira d'étudier l'utilité de la spécialisation des juridictions à ce contentieux eu égard à sa complexité inhérente (§1) et à la complexité contextuelle du contentieux environnemental (§2).

§1. Une complexité inhérente au contentieux environnemental

43. Annonce – La complexité est un standard juridique qui ne connait pas véritablement de définition. Aussi, « en dépit d'une certaine proximité terminologique, la complexité ne correspond pas exactement au

---

[1] *Ibid.*

[2] *Ibid.*

“compliqué” »[1]. En effet, s’ils impliquent tous deux des éléments difficiles à comprendre[2], ils se distinguent en ce que la complexité serait la réunion de plusieurs éléments différents qui aboutissent ensemble à une complexité globale[3] ; alors que le compliqué apparait intrinsèquement difficile à appréhender. Ainsi, en réunissant des éléments compliqués, le contentieux environnemental semble cumuler ces deux écueils : il constituerait donc un objet non seulement complexe, mais très complexe. Sur ce point, d’aucuns ajoutent que « ce qui doit être déploré (et combattu) n’est pas tant la complexité que la “complication de la complexité”»[4]. Il s’agit alors de voir si la spécialisation des juridictions peut constituer un moyen permettant de dépasser les difficultés tenant aux caractéristiques principales de la matière que sont : sa dimension scientifique (A) et sa dimension technique (B).

[1] JEANNE V., *La protection de l’environnement en tant que composante de l’intérêt général*, Fonbaustier Laurent (dir.), thèse de doctorat, droit, Université Paris-Saclay, 2021, p. 192.

[2] Académie française, (s. d.), *sub verbo* « complexe » et « compliqué », dans *Dictionnaire de l’Académie française*, [en ligne], [consulté le 22 mai 2024].

[3] La complexité peut être définie comme « État d’un ensemble diversifié qui défie les possibilités de compréhension de gestion par la multiplicité et la variété de ses éléments constituants et de leurs interrelations ». V. ARNAUD A-.J., *Dictionnaire encyclopédique de théorie et de sociologie du droit*, L.G.D.J., 1993, p. 82.

[4] MOLINER-DUBOST M., *Droit de l’environnement*, *op. cit.*, p. 7.

A. Un contentieux savant

44. *Lex scientifica*[1] – Le droit de l'environnement dispose sans conteste d'une dimension scientifique eu égard notamment à sa portée écologique. En ce sens, d'aucuns qualifient le droit de l'environnement de « droit d'ingénieur »[2] et soulignent le rattachement de la matière aux « sciences dures »[3]. L'appréhension d'un litige environnemental, selon qu'il concerne l'air, les eaux, la faune, la flore, le contentieux climatique, nécessite tantôt l'expertise d'un géologue, d'un agronome, d'un ingénieur, d'un climatologue ou encore d'un chimiste. Il mobilise donc de nombreuses disciplines scientifiques. Aussi, ce rattachement du droit de l'environnement à la science s'observe concrètement au sein des normes édictées. En effet, l'article L. 229-25 du Code de l'environnement — imposant à certains acteurs publics et privés l'établissement d'un bilan carbone — renvoie directement à une méthode[4] scientifique afin d'établir le bilan d'émissions de gaz à effet de serre (GES) sous peine d'amende. La science se retrouve ainsi en quelque sorte « incorporée à la règle de droit »[5]. En ce sens, la

---

[1] LHUILIER G., « Le droit et sa pratique à l'Âge des transitions » [en ligne], *Revue pratique de la prospective et de l'innovation,* 2023, [consulté le 22 mai 2024].

[2] BARONE S., « L'impunité environnementale. L'État entre gestion différentielle des illégalismes et désinvestissement globale », *op. cit.*

[3] FONBAUSTIER L., *Manuel de droit de l'environnement*, *op. cit.*, p. 16.

[4] MINISTÈRE DE LA TRANSITION ÉCOLOGIQUE, *Méthode pour la réalisation des bilans d'émissions de gaz à effets de serre*, 2022.

[5] LHUILIER G., « Le droit et sa pratique à l'Âge des transitions », *op. cit.*

complexité du contentieux environnemental est une complexité spécifique puisqu'il s'agit d'une complexité savante. Dès lors, ce caractère scientifique est un élément qualifiable de « compliqué » qui participe de la complexité permanente du contentieux environnemental puisque substantiel et intrinsèque à la matière. Ainsi, « la complexité de l'objectif environnemental, due à la diversité de ses éléments, à leur caractère scientifique, réclame le recours à la connaissance scientifique [et] la protection juridique de l'environnement en tant que tel ne peut être dissociée de ces mécanismes scientifiques »[1].

45. « Juger la science »[2] – On peut s'interroger : « Comment le juge pourrait-il aborder les atteintes à l'environnement sans en maîtriser le contenu ? »[3]. En premier lieu, le rapport sur *Le traitement pénal du contentieux de l'environnement* soulève que « la difficulté qu'il y a à apprécier les enjeux environnementaux présents dans chaque dossier »[4] constitue l'écueil majeur auquel sont confrontés les magistrats saisis d'un contentieux environnemental. C'est également l'avis partagé par Mathilde Hautereau-Boutonnet et Ève Truilhé qui considèrent que « le droit de l'environnement est un droit [...] qui fait appel aux sciences dites "dures" pour saisir

---

[1] JEANNE V., *La protection de l'environnement en tant que composante de l'intérêt général*, *op. cit.*, p. 195.

[2] LHUILIER G., « Le droit et sa pratique à l'Âge des transitions », *op. cit.*

[3] BOUCHERIFI T., *Le traitement des atteintes à l'environnement par la justice pénale*, *op. cit.*, p. 58.

[4] PARQUET GÉNÉRAL, Molins François (dir.), *Le traitement pénal du contentieux de l'environnement*, *op. cit.*, p. 18.

les enjeux d'un dossier »[1]. Or, saisir les enjeux d'un dossier participe de toute évidence à son traitement effectif par la juridiction et à l'inverse ne pas saisir ces enjeux risque de faire passer le juge à côté du traitement efficace des atteintes à l'environnement. Les juridictions de droit commun n'apparaissent donc pas en capacité de traiter efficacement ce contentieux qui nécessite des compétences scientifiques auxquelles elles n'ont pas automatiquement accès[2]. De plus, au cours de ces procès environnementaux, les parties seront amenées à alléguer des éléments scientifiques et si le juge ne dispose pas d'une culture épistémologique, il ne sera pas en mesure de trancher équitablement le litige. En effet, il ne s'agit pas nécessairement « pour le juge de participer à la "vérité scientifique", mais d'apprécier la pertinence de la science alléguée par les parties pour statuer en droit »[3] ; chose qu'un juge non sensibilisé à la science de ce contentieux ne pourra pas opportunément mettre en œuvre. En deuxième lieu, cette méconnaissance scientifique entraine également une défaillance des juridictions de jugement afin de caractériser et quantifier le préjudice écologique[4] ou afin de prendre la décision adéquate s'agissant de la protection de l'environnement. Comme le relève Martin

---

[1] TRUILHÉ E. et HAUTEREAU-BOUTONNET M., *Le procès environnemental, Du procès sur l'environnement au procès pour l'environnement*, *op. cit.*, p. 220.

[2] Elles auront accès à des expertises externes qui devront être réclamées et ne sont pas comparables par exemple à la présence d'assistants spécialisés.

[3] LHUILIER G., « Le droit et sa pratique à l'Âge des transitions », *op. cit.*

[4] LAGOUTTE J., Écologisme et droit pénal : le pourquoi du comment, dans Lagoutte Julien (dir.), *Écologisme et droit pénal* [en ligne], Lexbase Pénal, 2023, p. 4.

Viver-Darviot, parfois le bon sens veut qu'il suffise de retirer ce qui portait atteinte à la biodiversité pour que la nature reprenne ses droits ; toutefois, il y a des cas où ce serait corriger une « bêtise » par une nouvelle « bêtise »[1]. Dans ce cas, une juridiction non spécialisée pourrait ainsi prescrire une mesure de réparation inadaptée à l'écosystème concerné. En dernier lieu, le rapport souligne également que les incriminations environnementales nécessitent « la maîtrise de nombreuses données scientifiques [...] et conduit les parquets à recourir à des qualifications pénales génériques plus faciles à manier [que les] qualifications prévues par le Code de l'environnement »[2]. En effet, la qualification pénale des faits est délicate eu égard notamment au vocabulaire technique de ces incriminations[3]. Ces témoignages illustrent de nouveau l'incapacité des juridictions de droit commun à poursuivre efficacement les infractions environnementales en raison de leurs lacunes scientifiques. Dès lors, l'utilité de la spécialisation semble apparaitre indubitable puisqu'elle a précisément comme avantage principal de « faire juger les litiges par ... des spécialistes ! »[4] : c'est-à-dire des magistrats rompus à ce contentieux.

---

[1] V. THIEBOLD E. et CAMPROUX DUFFRÈNE M-.P., « La preuve du préjudice écologique et de sa réparabilité », *RJA*, 2021, p. 134 ; VIVER-DARVIOT M., [entretien], *op. cit.,* Annexe 4.

[2] PARQUET GÉNÉRAL, Molins François (dir.), *Le traitement pénal du contentieux de l'environnement, op. cit.*, p. 12.

[3] ROBACZEWSKI C., « Le traitement judiciaire des "petites" infractions environnementales », *op. cit.*, p. 13.

[4] BLÉRY C., La spécialisation des juges dans le domaine environnemental, dans Mathilde Hautereau-Boutonnet et Ève Truilhé (dir.), *Le procès environnemental, Du procès sur l'environnement au procès pour l'environnement, op. cit.*, p. 101.

46. Transition – Cette dimension scientifique constitue une caractéristique participant sans aucun doute à la nature complexe du contentieux environnemental. Or, la complexité implique la réunion de plusieurs éléments, fussent-ils compliqués, afin de constituer un ensemble complexe. En ce sens, la complexité du contentieux environnemental se justifie parce qu'il cumule d'autres caractéristiques particulières, notamment la technicité, qui se distingue de la dimension purement scientifique.

B. Un contentieux technique

47. Il faut séparer la technique de la science – Le caractère technique du contentieux environnemental est régulièrement cité comme une cause du traitement juridictionnel inefficace des atteintes à l'environnement[1]. Cette technicité découle notamment de la dimension scientifique de la matière, qui ajoute aux mécanismes communs un degré de complexité supplémentaire et peut être comprise comme une composante de cette technicité. Toutefois, en dehors de la dimension purement scientifique, on observe également d'autres formes de

[1] V. notamment PRIEUR M., BÉTAILLE J., CAMPROUX DUFFRENE M.-P. et *al.*, *Droit de l'environnement*, *op. cit.*, p. 1608 ; LAGOUTTE J., Écologisme et droit pénal : le pourquoi du comment, dans Lagoutte Julien (dir.), *Écologisme et droit pénal, op. cit.* ; HAERI K., MUNOZ-PONS V., TOUANSSA M., et *al*, « Spécialisation de la justice pénale environnementale : retour sur la loi du 24 décembre 2020 », *op. cit*.

technicité qui s'additionnent à la précédente[1]. Dès lors, il faut entendre la technicité comme celle qui s'oppose à ce qui est commun, général et courant[2].

48. Une technicité symptomatique de la norme environnementale – En premier lieu, on relève une technicité et multiplicité des sources qui rend difficile le travail des magistrats. En ce sens, le cadre normatif du contentieux environnemental se distingue de celui des autres contentieux. On relève en effet une pluralité de sources fragmentées avec des sources internes et externes dispersées dans différents codes. Sur ce point, un auteur souligne que « le droit de l'environnement est éparpillé entre une quinzaine de codes, au premier rang desquels le Code de l'environnement, qui n'est pas le plus connu des magistrats »[3]. Ainsi, on retrouve des infractions environnementales tant dans le Code de l'environnement[4], que le Code rural et de la pêche maritime[5], que dans le Code minier[6], mais également au sein de textes non

---

[1] En ce sens, le rapport *Une justice pour l'environnement* distingue clairement le caractère technique du contentieux de sa dimension scientifique et parle d'éclairage « technique, scientifique et contextuel ». V. MINISTÈRE DE LA TRANSITION ÉCOLOGIQUE ET SOLIDAIRE et MINISTÈRE DE LA JUSTICE, *Une justice pour l'environnement*, *op. cit.*, p. 59.

[2] REY A. et REY-DEBOVE J., *Le Petit Robert 2025*, Le Robert, 2024, p. 2516.

[3] BARONE S., « L'impunité environnementale. L'État entre gestion différentielle des illégalismes et désinvestissement global », *op. cit.*

[4] Par exemple C. envir. art. L. 218-10 et s.

[5] Par exemple C. rur. art. L. 251-20 et s.

[6] Par exemple C. Minier art. L. 512-1.

codifiés tel l'article 76 de la loi du 13 octobre 2014[1]. On note également l'importance grandissante des sources externes au regard notamment de la dernière directive de l'Union européenne[2] qui démontre l'influence européenne sur les normes nationales et la mutation sous cette influence du droit de l'environnement[3]. En second lieu, cet éparpillement normatif est accentué par les renvois opérés par ces textes qui ne participent pas à la lisibilité de la matière et démontrent sa technicité. Sur ce point, un auteur rappelle que le droit de l'environnement est « conçu comme un droit pénal accessoire […] essentiellement fait d'incriminations par renvoi à des règlementations administratives d'une grande technicité »[4]. Par exemple, l'article L. 521-21 du Code de l'environnement est un texte d'incrimination qui renvoie à de nombreux règlements de l'Union européenne. En outre, si on ajoute qu' « une même atteinte peut relever de plusieurs

---

[1] Pour la mise illégale sur le marché de bois ou de produits dérivés. V. *Loi n° 2014-1170 du 13 octobre 2014 d'avenir pour l'agriculture, l'alimentation et la forêt*, Journal officiel, 14 octobre 2014.

[2] *Directive 2024/1203 du Parlement européen et du Conseil du 11 avril 2024 relative à la protection de l'environnement par le droit pénal et remplaçant les directives 2008/99/CE et 2009/123/CE*, Journal officiel, 30 mai 2024, p. 13-18.

[3] La directive dispose notamment à l'article 3 que « Les États membres veillent à ce que les comportements énumérés aux paragraphes 2 et 3 du présent article, lorsqu'ils sont intentionnels, et les comportements visés au paragraphe 4 du présent article, lorsqu'ils sont adoptés par négligence au moins grave, constituent des infractions pénales lorsqu'ils sont illicites ».

[4] ROBACZEWSKI C., « Le traitement judiciaire des "petites" infractions environnementales », *op. cit.*

qualifications pénales »[1], on arrive au summum de la technicité normative. Selon le rapport *Le traitement pénal du contentieux de l'environnement*, cette technicité est considérée comme l'une des difficultés majeures qui justifie l'opportunité de la spécialisation[2]. Cette dernière permettrait de disposer de magistrats spécialisés ou acteurs dédiés à l'étude normative de ce contentieux pour épauler le juge et l'éclairer sur le droit positif. Ils seraient ainsi plus à même de traiter efficacement et objectivement le contentieux environnemental.

49. Une technicité processuelle et pratique – Action de groupe, intérêt à agir des associations, CJIPE, preuve, détermination du préjudice écologique ou encore lien de causalité, illustrent la technicité processuelle et pratique du contentieux environnemental. En premier lieu, en effet « le dommage environnemental est rarement direct, certain et personnel (il est souvent indirect, diffus et collectif), ce qui rend sa preuve et son indemnisation difficile »[3]. Constat auquel on ajoute l'existence de nombreuses infractions non intentionnelles où la preuve d'une faute et d'un lien de causalité est plus délicate[4] ; causalité d'autant plus technique que le dommage

---

[1] BARONE S., « L'environnement en correctionnelle. Une sociologie du travail judiciaire » [en ligne], *Déviance et société*, 2019, p. 481-516, [consulté le 13 mai 2024].

[2] PARQUET GÉNÉRAL, Molins François (dir.), *Le traitement pénal du contentieux de l'environnement*, *op. cit.*, p. 18.

[3] MORAND-DEVILLIER J., *Le droit de l'environnement,* Que sais-je ?, 2023, p. 19.

[4] LAGIER F., « Le traitement pénal de la pollution des navires », *RJA*, 2021, p. 38.

écologique « résulte rarement d'une cause unique »[1] et qu'ils sont parfois invisible ou difficile à évaluer[2]. En second lieu, l'action de groupe ouverte aux infractions environnementales en 2016[3], la particularité de l'intérêt à agir des associations[4] ou encore l'existence d'outils particuliers tels que la CJIPE[5], ne font qu'attester de la technicité particulière du contentieux environnemental. En ce sens, la spécialisation des magistrats permettrait de standardiser la gestion du contentieux environnemental au sein des juridictions spécialisées[6] afin de le traiter

---

[1] *Ibid.*

[2] BARONE S., « L'impunité environnementale. L'État entre gestion différentielle des illégalismes et désinvestissement global », *op. cit.*

[3] C'est l'article L. 142-3-1 du C. envir. qui prévoit cette action de groupe en matière environnementale. Celle-ci initialement prévue en matière de droit de la consommation constitue *ab initio* une complexité procédurale en raison du choix d'un système de l'*opt-in* plus complexe que celui de *l'opt-out*. Or, appliquée au droit de l'environnement cette complexité initiale de l'action de groupe s'additionne à des dispositions spéciales en matière environnementale dont l'articulation n'est pas évidente. V. BERGEAUD-WETTERWALD A., L'apport du droit du procès : la question de l'accès au juge judiciaire en matière environnementale, dans Lagoutte Julien (dir.), *L'apport du droit privé à la protection de l'environnement*, mare & martin, 2022, p. 247.

[4] Les associations peuvent agir afin de défendre un intérêt collectif selon l'article L. 142-2 C. envir. Toutefois, la vérification de cet interêt à agir complexifie le travail du juge puisqu'il s'agit d'une étude du droit d'agir différente de celle qu'il effectue quotidiennement avec une jurisprudence fluctuante pour l'encadrer. En ce sens V. BERGEAUD-WETTERWALD A., L'apport du droit du procès : la question de l'accès au juge judiciaire en matière environnementale, dans Lagoutte Julien (dir.), *L'apport du droit privé à la protection de l'environnement*, *op. cit.*, p. 251-258.

[5] CPP, art. 41-1-3.

[6] BARONE S., « L'impunité environnementale. L'État entre gestion différentielle des illégalismes et désinvestissement global », *op. cit.*

efficacement à l'image des atteintes aux biens devant les juridictions de droit commun[1]. Du fait de cette technicité, la création d'une juridiction spécialisée serait alors une nécessité ; certains considérant même que cette particularité appellerait au surplus la création d'un Code du contentieux environnemental[2].

50. Transition – La complexité permanente (scientifique et technique) du contentieux environnemental favorise le traitement inefficace du contentieux par les juridictions de droit commun et justifie à ce titre d'envisager la spécialisation des juridictions. D'autant qu'à cette complexité intrinsèque s'ajoute une complexité contextuelle.

§2. Une complexité contextuelle du contentieux environnemental

51. Annonce – Si la complexité du contentieux environnemental se révèle au travers d'éléments substantiels et intrinsèques à la matière, elle s'observe également du point de vue du contexte et selon les circonstances dans lesquelles s'inscrit le contentieux environnemental. Cette complexité contextuelle n'est donc

[1] Selon le dernier rapport *Les chiffres clef de la justice (2023)* les atteintes délictuelles aux biens représentent 85 884 affaires contre 2 217 en matière environnemental. Ainsi, les atteintes aux biens représentant le quotidien des juridictions de droit commun bénéficient *de facto* d'un traitement plus efficace en ce qu'il s'agit de contentieux standards auxquels ils sont habitués.

[2] BAUDOIN C., « Une justice environnementale efficace est une justice spécialisée », *op. cit.*

pas une complexité permanente, mais elle est favorisée par l'objet du contentieux environnemental. Yves-Marie Serinet dans le *Dictionnaire de la Justice* souligne qu'il y a « un procès complexe lorsque la diversité affecte ses éléments constitutifs »[1]. À ce titre, il relève notamment la multiplicité de parties à laquelle on peut ajouter le ressort géographique du contentieux. Dès lors, il s'agira d'apprécier l'utilité de la spécialisation eu égard à la complexité liée au nombre de victimes (A) et de la complexité liée au ressort géographique (B).

A. Une complexité liée au nombre de victimes

52. Le nombre de victimes critère reconnu de complexité – Si on étudie les différents textes caractérisant certains contentieux de complexes, on relève que la pluralité de victimes est un critère constant. En effet, s'agissant de la compétence de la JIRS en matière économique et financière, l'article 704 du Code de procédure pénal met directement en lien « l'apparence d'une grande complexité » avec « le grand nombre de victimes ». La même constatation peut être faite s'agissant de la JUNALCO puisque la circulaire[2] relative à sa compétence relève que le nombre élevé de victimes est un critère de complexité justifiant sa saisie. Sans aucun doute,

[1] SERINET Y-.M., « Procès complexe », dans Cadiet Loïc (dir.), *Dictionnaire de la Justice*, PUF, 2004, p. 1089.

[2] MINISTÈRE DE LA JUSTICE, *Circulaire n° JUSD1934576C relative à la compétence nationale concurrente du tribunal de grande instance et de la cour d'assises de Paris dans la lutte contre la criminalité organisée de très grande complexité, et à l'articulation du rôle des différents acteurs judiciaires en matière de lutte contre la criminalité organisée*, 17 décembre 2019, p. 5-6.

la pluralité de victimes apparait ainsi être un facteur de complexité. Or, comme en témoignent les précédentes illustrations, cette complexité, liée à la pluralité de victimes, est précisément vectrice de spécialisation des juridictions. En effet, ce caractère est mis en avant pour justifier l'opportunité de la spécialisation s'agissant de la criminalité et la délinquance organisées et de la délinquance financière. Ainsi, les juridictions de droit commun sont confrontées au défi d' « instruire, juger dans un délai raisonnable un dossier d'une grande complexité, technique et volumineux souvent avec des milliers de victimes tout en assurant un traitement individualisé pour chaque partie »[1]. Face à ce phénomène, la spécialisation semble donc être l'option la plus pertinente puisque la spécialisation oeuvrerait pour un traitement plus qualitatif du contentieux.

53. Une spécificité structurelle des « litiges environnementaux »[2] – Les litiges environnementaux sont caractérisés par une complexité contextuelle qui tient à favoriser la pluralité de victimes. Par exemple, il est possible d'identifier de nombreuses victimes dans l'hypothèse où une entreprise ne respecte pas une réglementation environnementale en déversant illégalement des produits chimiques dans les eaux aux alentours. En premier lieu, les riverains qui vivent aux environs de la rivière polluée ; en deuxième lieu les éventuels pêcheurs voire les agriculteurs qui cultivent des

---

[1] GAND P., « La surspécialisation des juges pénaux », *op. cit.*

[2] BERGEAUD-WETTERWALD A., L'apport du droit du procès : la question de l'accès au juge judiciaire en matière environnementale, dans Lagoutte Julien (dir.), *L'apport du droit privé à la protection de l'environnement*, *op. cit.*, p. 242.

terres à proximité de la rivière et qui pourraient à ce titre perdre une partie de leurs récoltes ; en troisième lieu les consommateurs des produits contaminés ; et plus globalement l'environnement[1]. En ce sens, les litiges environnementaux sont propices à une dimension collective, notamment lorsqu'ils concernent des problèmes de santé publique. En effet, ils sont susceptibles de toucher un grand nombre de victimes ce « qui multiplie les actions et allonge les délais »[2] ; *a fortiori* en cas de catastrophe écologique comme ce fut le cas pour les affaires *Amoco Cadiz*[3] ou encore *Erika*[4].

54. Transition – Le contentieux environnemental est donc un terrain fertile à la pluralité de victimes, favorisé par la nature même de la matière environnementale. Celle-ci est identifiée comme un facteur de complexité du contentieux dont la spécialisation permettrait la simplification du traitement et sa gestion plus efficace. Le juge, non surchargé par les dossiers de droit commun, pourrait ainsi lui accorder le temps nécessaire et attendu sans en négliger certains aspects. Néanmoins, « la complexité du contentieux

---

[1] Exemple énoncé par la Professeure Aurélie Bergeaud-Wetterwald afin d'illustrer la multiplicité des intérêts qui peuvent être lésés à la suite d'une atteinte unique. V. BERGEAUD-WETTERWALD A., L'apport du droit du procès : la question de l'accès au juge judiciaire en matière environnementale, dans Lagoutte Julien (dir.), *L'apport du droit privé à la protection de l'environnement*, *op. cit.*

[2] MORAND-DEVILLIER J., *Le droit de l'environnement*, *op. cit.*

[3] En 1978 un pétrolier libyen sombre au large des côtes bretonnes dans le Finistère provoquant l'une des plus grande marée noire de l'histoire.

[4] En 1999 un pétrolier Total fait naufrage au large de la Bretagne causant de nouveau une marée noire.

environnemental est en réalité multifactorielle »[1]. Ainsi, elle est souvent identifiée de concert avec un autre facteur de complexité contextuelle : le ressort géographique du contentieux environnemental.

B. Une complexité liée au ressort géographique

55. Des atteintes potentiellement étendues – Les litiges environnementaux sont caractérisés par une complexité contextuelle qui tient à favoriser un ressort géographique des atteintes étendu. Qu'il s'agisse de la pollution de l'air ou de la pollution d'une rivière, on comprend aisément comment cette atteinte peut se diffuser sur un territoire ; celle-ci ne connait en effet pas la notion de frontière et émigre aisément au delà. De ce fait, les litiges environnementaux sont sujets à une dimension potentiellement nationale, interrégionale, voire transnationale. C'est d'ailleurs cette dimension qui nourrit directement la précédente pluralité de victimes ; il y a une interconnexion entre ces deux facteurs de complexité.

56. Ressort géographique étendu et spécialisation des juridictions – De nouveau, si on étudie les différents textes caractérisant certains contentieux de « complexes », on relève que l'étendue du ressort géographique est un facteur de spécialisation. En premier lieu, s'agissant de la compétence de la JIRS en matière économique et financière, l'article 704 du Code de

[1] BERGEAUD-WETTERWALD A., L'apport du droit du procès : la question de l'accès au juge judiciaire en matière environnementale, dans Lagoutte Julien (dir.), *L'apport du droit privé à la protection de l'environnement*, *op. cit.*

procédure pénal met directement en lien la « grande complexité » avec « le ressort géographique » sur lequel s'étend l'affaire. La complexité est ainsi associée au ressort géographique. La même constatation peut être faite s'agissant de la JUNALCO puisque la circulaire[1] relative à sa compétence relève que l'envergure géographique du dossier est un critère de spécialisation. En second lieu, s'agissant des PRE, l'article 706-2-3 du Code de procédure pénale et la circulaire du 11 mai 2021[2] listent explicitement le ressort géographique parmi les critères de complexité. En ce sens, il est incontestable que la dimension géographique du contentieux est un facteur de complexité. Or, la spécialisation est utile face à ces contentieux au ressort géographique étendu. En effet, ils sont difficiles à appréhender pour les juridictions de droit commun parce qu'ils nécessitent une communication et collaboration avec de nombreux acteurs sur le territoire impliquant un temps de gestion supérieur à celui des dossiers de droit commun. Ainsi, tout comme pour la pluralité de victimes, la spécialisation permettrait à une juridiction non surchargée par les affaires quotidiennes d'optimiser la gestion d'un contentieux complexe qui nécessite plus de temps pour un traitement satisfaisant.

57. Transition – Au regard des caractéristiques du contentieux environnemental telles que la transversalité et la complexité, il apparait être un terrain propice à la spécialisation. En effet, ses caractéristiques rendent

---

[1] MINISTÈRE DE LA JUSTICE, *Circulaire n° JUSD1934576C*, p. 5-6.

[2] MINISTÈRE DE LA JUSTICE, *Circulaire n° CRIM 2021-02/G3-11/05/2021*, p. 5.

difficile son traitement pour les juridictions de droit commun et la spécialisation pourrait constituer une solution au meilleur traitement des atteintes à l'environnement. De plus, à ces caractéristiques s'ajoutent des besoins spécifiques du contentieux environnemental auxquels les juridictions de droit commun ne peuvent répondre efficacement : il implique en effet une gestion particulière.

Chapitre 2 - Une spécialisation bénéfique pour la gestion du contentieux environnemental

58. Annonce – Le rapport *Le traitement pénal du contentieux de l'environnement* relève « l'insuffisance de moyens humains et matériels, et d'outils intellectuels, pour accompagner [le traitement du contentieux environnemental] au sein des juridictions », de telle sorte que les juridictions de droit commun se « [heurtent] à d'importantes limites »[1]. En effet, les atteintes à l'environnement — au regard des caractéristiques précédemment étudiées — pourraient justifier des moyens humains et matériels supplémentaires à ceux déployés dans les juridictions de droit commun. En ce sens, en raison de sa nature *sui generis*, le contentieux environnemental nécessiterait une gestion particulière afin d'être efficacement traité. Ainsi, à l'image de la criminalité et délinquance organisées, ou encore de la matière économique et financière, isoler le contentieux au sein d'une juridiction spécialisée pourrait permettre une optimisation de sa gestion en concentrant les moyens humains et matériels utiles à la poursuite, l'instruction, le jugement et la réparation des atteintes à l'environnement. Dès lors, il convient d'examiner si la spécialisation des juridictions est une solution opportune permettant de dépasser certaines de ces difficultés de gestion eu égard : aux dispositifs procéduraux — entendus comme les moyens mobilisés au cours de la procédure pénale ou

---

[1] PARQUET GÉNÉRAL, Molins François (dir.), *Le traitement pénal du contentieux de l'environnement*, *op. cit.*, p. 7.

civile afin d'aboutir à une décision du juge — (Section 1) et aux moyens humains nécessaires au traitement des atteintes à l'environnement (Section 2).

Section 1 - L'optimisation des dispositifs procéduraux par la spécialisation des juridictions

59. Annonce – Le droit de l'environnement est transversal et complexe. En ce sens, il peut nécessiter un traitement différencié, notamment par l'adaptation des dispositifs procéduraux, voire la mise en place d'outils spécialisés, afin de bénéficier d'une application effective et aboutir à une solution judiciaire satisfaisante. Néanmoins, la gestion du contentieux environnemental civil ou pénal est à différencier en raison des modèles auxquels ils répondent : modèle accusatoire pour la mise en état de l'un et inquisitoire pour l'instruction de l'autre. Cette distinction n'est pas sans conséquence s'agissant de la gestion du contentieux. En effet, si les contentieux civils et pénaux environnementaux font face à des problématiques communes (par exemple preuve et lien de causalité), certaines de ces problématiques se posent plus intensément dans l'un ou l'autre des contentieux. En ce sens, il convient d'examiner si la spécialisation des juridictions peut être bénéfique à la meilleure gestion du contentieux environnemental eu égard à la consolidation de dispositifs du contentieux civil (§1) et du contentieux pénal (§2).

§1. La consolidation des dispositifs du contentieux civil

60. Annonce – Le principe de précaution et le préjudice écologique constituent des composantes spécifiques au contentieux environnemental. Or, dans le cadre de son pendant civil, ces éléments mettent à l'épreuve les dispositifs classiques du procès civil. En effet, la dominante accusatoire du modèle a pour effet d'accentuer les écueils de la gestion du contentieux environnemental, s'agissant notamment de la preuve et des mécanismes de responsabilité civile. En ce sens, il s'agira d'étudier le bénéfice de la spécialisation s'agissant de la gestion du contentieux civil de l'environnement et de l'application du principe de précaution et du préjudice écologique sous l'angle de la preuve (A) et des mécanismes présents dans le cadre de la responsabilité civile (B).

A. L'adaptation du droit de preuve

61. Preuve et principe de précaution – « Le doute innerve les conditions de mise en œuvre du principe de précaution et vient perturber les fondements du droit privé de la preuve »[1]. En effet, le principe de précaution prévu à l'article L. 110-1 du Code de l'environnement a pour objectif de « "prévenir un risque de dommages graves et irréversibles [...]" qui en l'état des

[1] MEKKI M., « Le droit privé de la preuve... à l'épreuve du principe de précaution » [en ligne], *D.*, 2014, p. 1391, [consulté le 25 mai 2024].

connaissances scientifiques et techniques du moment est incertain »[1]. Or, ce principe peut servir de fondement à une action en responsabilité civile[2]. Dans ce cadre, le droit de la preuve, qualifié par un auteur de « terreau de vérités », est ainsi mis à l'épreuve par le principe de précaution qu'il qualifie de « berceau des incertitudes »[3]. En ce sens, le principe de précaution justifie des spécificités probatoires eu égard aux « lacunes du droit environnemental de la preuve »[4]. Ces lacunes s'observent à plusieurs niveaux. En premier lieu, elles s'expliquent au regard de la définition du principe de précaution. En effet, il implique la preuve d'une incertitude permettant d'envisager un transfert du risque de la preuve du demandeur sur le défendeur. Or, la preuve de l'absence de risque par le défendeur constitue la preuve d'un fait négatif qui serait « à la fois injuste et contreproductif »[5] et le principe de précaution n'a donc pas entrainé *in fine* un renversement de la charge et du risque de la preuve. Dès lors, il a seulement permis une adaptation de la charge probatoire, dont l'accès matériel,

---

[1] MOLINER-DUBOST M., *Droit de l'environnement*, *op. cit.*, p. 110.

[2] PRIEUR M., BÉTAILLE J., CAMPROUX DUFFRENE M.-P. et *al.*, *Droit de l'environnement*, *op. cit.*, p. 1737.

[3] MEKKI M., « Le droit privé de la preuve... à l'épreuve du principe de précaution », *op. cit.*

[4] DAVID T., L'apport du droit de la preuve à la réaction au dommage environnemental, dans Lagoutte Julien (dir.), *L'apport du droit privé à la protection de l'environnement*, mare & martin, 2022, p. 277.

[5] Timothée David considère qu'il est injuste parce que « cela porterait atteinte à la sécurité juridique de l'ensemble des entreprises exerçant une activité à risque » et contreproductive en ce qu'il « favoriserait les actions opportunistes dont les demandeurs n'auraient plus à rechercher des preuves et réfléchir à la pertinence de leur action avant de l'exercer ». V. DAVID T., L'apport du droit de la preuve à la réaction au dommage environnemental, dans Lagoutte Julien (dir.), *L'apport du droit privé à la protection de l'environnement*, *op. cit.*, p. 270 ; 275.

intellectuel et financier est difficile[1], afin de permettre au demandeur de disposer d'un droit réel et effectif à alléguer ce principe[2]. La juridiction devra étudier l'aptitude à la preuve du demandeur afin qu'il puisse exceptionnellement être accompagné en dépit du modèle accusatoire[3]. En second lieu, les difficultés probatoires qui gravitent autour du principe de précaution concernent notamment « le risque d'une appropriation politique de la protection de l'environnement »[4]. En effet, les expertises scientifiques sont au cœur des interrogations s'agissant de la preuve du principe de précaution puisque « l'évaluation scientifique est un préalable à toute mise en œuvre [de ce principe] »[5]. Or, les prises de positions politiques justifient le recours à des expertises extrajudiciaires, expertises qui en dépit de leur potentiel manque d'objectivité, constituent « de plus en plus souvent […] le cœur de la motivation [des] décisions de justice »[6]. En ce sens, eu égard à la dimension politique de ces expertises en matière environnementale,

---

[1] MEKKI M., « Le droit privé de la preuve... à l'épreuve du principe de précaution », *op. cit.*

[2] Notons que eu égard au coût des expertises — qui reposent avant tout sur les parties — l'action pénale avec constitution de partie civile est à préférer aux « actions purement civiles » en ce qu'elle permet, grâce à l'instruction, d'alléger la charge probatoire du demandeur s'agissant de son action civile. V. THIEBOLD E. et CAMPROUX DUFFRÈNE M-.P., « La preuve du préjudice écologique et de sa réparabilité », *op. cit.*, p. 129.

[3] MEKKI M., « Le droit privé de la preuve... à l'épreuve du principe de précaution », *op. cit.*

[4] DAVID T., L'apport du droit de la preuve à la réaction au dommage environnemental, dans Lagoutte Julien (dir.), *L'apport du droit privé à la protection de l'environnement*, *op. cit.*, p. 265.

[5] MEKKI M., « Le droit privé de la preuve... à l'épreuve du principe de précaution », *op. cit.*

[6] *Ibid.*

il est essentiel pour le juge de rester prudent et de conserver une approche épistémologique. C'est pourquoi, le principe de précaution bouscule les juridictions de droit commun au sein de leur routine quotidienne et met à l'épreuve le droit de preuve.

62. Preuve et préjudice écologique – En 2012, la Cour de cassation reconnait la réparation du préjudice causé à l'environnement *per se* désormais consacrée aux articles 1246 et suivant du Code civil. Il s'agit du préjudice « consistant en une atteinte non négligeable aux éléments ou aux fonctions des écosystèmes ou aux bénéfices collectifs tirés par l'Homme de l'environnement »[1]. En ce sens, le préjudice écologique s'envisage indépendamment du préjudice subi par les personnes et les biens[2], et se distingue à ce titre des préjudices auxquels les juridictions de droit commun sont habituées : préjudices certains, directs et personnels. En effet, le préjudice écologique ne peut être personnel puisque la Nature ne dispose pas à ce jour de la personnalité juridique. La preuve du préjudice écologique se heurte ainsi à un premier obstacle : la représentation *ad agendum* de la nature sur qui reposera *de facto* la charge

---

[1] C. civ. 1247.

[2] « Le préjudice causé à la nature indépendamment de celui que subit l'Homme sur le plan corporel ou patrimonial ». V. MINISTÈRE DE LA JUSTICE, Jégouzo Yves (dir.), *Pour la réparation du préjudice écologique*, *op. cit.*, p. 4.

de prouver ce préjudice[1]. C'est aux associations que reviendra cette tâche, permettant de percevoir une nouvelle difficulté : les preuves apportées pourraient être douteuses au regard du principe de loyauté[2]. Enfin, la preuve du préjudice écologique est encore et surtout confrontée à la dimension scientifique du droit de l'environnement. En effet, « c'est une preuve scientifique qui est attendue du demandeur »[3]. Cette difficulté rejoint ainsi nos précédents développements s'agissant de l'expertise scientifique[4].

---

[1] S'agissant de la représentation *ad agendum*, la Nature n'étant pas dotée de la personnalité juridique, elle ne peut être représentée. En ce sens, les associations ne sont pas véritablement des représentants *ad agendum* de l'environnement. Elles disposent en effet d'un droit d'agir eu égard de l'article 31 du Code de procédure civile leur permettant de défendre des intérêts déterminés. V. HAUTEREAU-BOUTONNET M., « Quel avenir pour le régime de réparation du préjudice écologique ? », *RJA*, 2021, p. 141.

[2] En ce sens, Timothée David nous propose de réfléchir sur la déloyauté de la preuve au regard de l'établissement du dommage environnemental en droit privé considérant que « prévoir une preuve spécifique aux associations de défense de l'environnement serait également un moyen de pallier les difficultés d'établissement de la preuve de ces atteintes ». Toutefois, il faut noter que le récent revirement de jurisprudence de la Cour de Cassation s'agissant de l'usage devant le juge civil d'une preuve obtenue de façon déloyale pourrait faire avancer la preuve dans le cadre du contentieux environnemental précisément s'agissant de la preuve apportée par les associations. V. DAVID T., L'apport du droit de la preuve à la réaction au dommage environnemental, dans Lagoutte Julien (dir.), *L'apport du droit privé à la protection de l'environnement*, *op. cit.*, p. 276 ; Cass. Ass. plén. 22 déc. 2023, n° 20-20.648.

[3] HAUTEREAU-BOUTONNET M., *Responsabilité civile environnementale*, Dalloz, 2020, p. 119.

[4] Elles sont couteuses pour les parties et les juridictions de droit commun peuvent rencontrer des difficultés afin de les appréhender. V. *Supra* n° 44 s. et n° 61.

63. Transition – D'aucuns considèrent que « de nouvelles structures, propres au droit de l'environnement [permettraient] d'assurer une plus grande efficacité probatoire »[1]. En ce sens, il y aurait un lien entre les difficultés probatoires rencontrées par les parties, les juridictions de droit commun et la pertinence d'une spécialisation des juridictions. En effet, ces dernières pourraient être plus à même de mobiliser et manier ce dispositif probatoire ce qui optimiserait ainsi la réparation des atteintes à l'environnement ; réparation qui nécessitera plus généralement une adaptation des mécanismes de la responsabilité civile.

B. L'adaptation des mécanismes de la responsabilité civile

64. Inadaptation des règles de responsabilité civile – Certains auteurs font le constat de l'inadaptation du droit de la responsabilité civile au contentieux environnemental estimant que les règles classiques sont inadaptées à la réparation du préjudice environnemental qu'il soit personnel ou écologique[2]. En effet, les trois conditions *sine qua non* à l'engagement de la responsabilité (fait générateur, préjudice et lien de

[1] DAVID T., L'apport du droit de la preuve à la réaction au dommage environnemental, dans Lagoutte Julien (dir.), *L'apport du droit privé à la protection de l'environnement*, *op. cit.*, p. 272.

[2] V. VAN LANG A., *Droit de l'environnement*, *op. cit.*, p. 315 ; DELMAS B., L'apport du droit de la responsabilité civile au droit de l'environnement, dans Lagoutte Julien (dir.), *L'apport du droit privé à la protection de l'environnement*, mare & martin, 2022, p. 190.

causalité) sont difficiles à mettre en œuvre[1], *a fortiori* s'agissant du principe de précaution et du préjudice écologique.

65. Responsabilité civile et préjudice écologique – Les règles de responsabilité civile classique se retrouvent perturbées par la singularité du préjudice écologique qui se distingue nettement de ses homologues et dont la réparation doit ainsi être adaptée. Premièrement, si les articles 1246 et suivants du Code civil reconnaissent l'existence du préjudice écologique, ils restent muets quant à son fait générateur et son lien de causalité. Or, le fait générateur est souvent difficile à identifier, parfois pluriel, et il est délicat d'établir le lien de causalité afin d'imputer le dommage à un responsable, *a fortiori* face à une pluralité d'auteurs[2]. Deuxièmement, la réparation du préjudice écologique pose des difficultés conceptuelles puisque la responsabilité civile suppose *a priori* un lien entre deux sujets de droit[3]. Or, la Nature, créancière de cette réparation, ne dispose pas de la personnalité juridique. En ce sens, c'est aux associations qu'il est revenu la mission de défendre les intérêts de la Nature ; mission qui peut entrainer de surcroit des difficultés. En effet, le préjudice écologique requiert prioritairement une réparation en nature[4] (l'environnement n'ayant que faire des indemnisations financières) ; or, il se peut que les

---

[1] DELMAS B., L'apport du droit de la responsabilité civile au droit de l'environnement, dans Lagoutte Julien (dir.), *L'apport du droit privé à la protection de l'environnement*, *op. cit.*

[2] *Ibid.*, p. 189.

[3] HAUTEREAU-BOUTONNET M., « Quel avenir pour le régime de réparation du préjudice écologique ? », *op. cit.*

[4] C. civ. 1249.

atteintes soient irréversibles ou la réparation en nature impossible. Dans ce cas, l'environnement *per se* ne pourra voir son préjudice réparé. La réparation du préjudice écologique conduira ainsi à l'indemnisation des associations qui défendent ses intérêts[1] et favorisera à ce titre la confusion par le juge des préjudices moraux et écologiques[2] soutenus par ces dernières. Ce constat est d'autant plus critiquable que les juridictions de droit commun ont tendance à privilégier dans ce cas le versement de dommages et intérêts aux associations, au surplus sans l'affecter à un projet de réparation déterminé[3]. L'effectivité de la réparation du préjudice écologique mériterait ainsi d'être optimisée pour être plus cohérente avec son objectif premier : la protection de l'environnement. Troisièmement, c'est toujours la dimension scientifique du préjudice écologique qui requiert l'adaptation des mécanismes de la responsabilité civile. En effet, la triple condition préalable à son engagement peut nécessiter l'évaluation par le juge de données scientifiques[4] et la démonstration savante du

---

[1] V. HAUTEREAU-BOUTONNET M., *Le code civil un code pour l'environnement*, *op. cit.*, p. 115 ; THIEBOLD E. et CAMPROUX DUFFRÈNE M-.P., « La preuve du préjudice écologique et de sa réparabilité », *op. cit.*, p. 138.

[2] V. en ce sens avant la consécration du préjudice écologique par la jurisprudence l'arrêt Cass., 1re civ., 16 nov. 1982, n° 81-15.550 ; et après la consécration du préjudice écologique par la jurisprudence la décision TGI Dax, ch. corr., 28 juin 2018, n° 1730600008.

[3] THIEBOLD E. et CAMPROUX DUFFRÈNE M-.P., « La preuve du préjudice écologique et de sa réparabilité », *op. cit.*, p. 134 ; 138.

[4] HAUTEREAU-BOUTONNET M., « Quel avenir pour le régime de réparation du préjudice écologique ? », *op. cit.*, p. 142 ; PARQUET GÉNÉRAL, Molins François (dir.), *Le traitement pénal du contentieux de l'environnement*, *op. cit.*, p. 18.

dommage dans le raisonnement juridique[1], ainsi « le rapport science/droit s'avère plus que jamais au cœur des décisions judiciaires »[2]. Enfin, on peut également soulever une difficulté s'agissant de l'évaluation du préjudice écologique *a fortiori* lorsque la réparation en nature est impossible. Comment se chiffre par exemple la disparition d'une espèce protégée et plus généralement quelle est la valeur économique de la nature ? Or, qu'il s'agisse d'évaluer l'état d'un milieu ou chiffrer le préjudice, il est nécessaire de s'appuyer sur des calculs mathématiques[3] auxquels s'ajoutent les incertitudes scientifiques qui entourent le dommage et la faculté d'autorégénération de l'environnement. Cette dernière implique la prise en compte du temps dans l'évaluation du préjudice nécessitant de distinguer les préjudices rapidement réparés de ceux qui ne le seront jamais[4]. Ainsi, plus qu'ailleurs, d'aucuns qualifient cette évaluation de « pifométrie »[5] et on peut donc s'interroger sur « l'effectivité et l'efficacité

---

[1] V. TJ. Marseille, 6e ch. corr., 6 mars 2020, n° 16259000020 ; HAUTEREAU-BOUTONNET M., *Responsabilité civile environnementale, op. cit.*, p. 120.

[2] HAUTEREAU-BOUTONNET M., *Responsabilité civile environnementale, op. cit.*

[3] V. MINISTÈRE DE LA TRANSITION ÉCOLOGIQUE, Monnoyer-Smith Laurence (dir.), *Préjudice écologique, bien dimensionner la réparation des dommages*, 2018, p. 2 ; HAUTEREAU-BOUTONNET M., *Responsabilité civile environnementale, op. cit.*, p. 133.

[4] PARANCE B., La réparation des préjudices liés au dommage environnemental, dans Neyret Laurent et Martin Gilles (dir.), *Nomenclature des préjudices environnementaux*, L.G.D.J., 2012, p. 288.

[5] Signifie « selon l'intuition » et peut apparaitre en ce sens aléatoire. V. BARONE S., « L'environnement en correctionnelle. Une sociologie du travail judiciaire » *op. cit.*

des mesures de réparation du préjudice écologique »[1]. Dès lors, afin de chiffrer le préjudice ou identifier la mesure de réparation en nature la plus opportune, le juge pourrait nécessiter un accompagnement scientifique[2] qu'il ne trouve pas aisément au sein des juridictions de droit commun. On constate en effet que si le préjudice écologique existe et est reconnu, sa réparation est loin d'être optimisée[3]. En ce sens, elle mériterait d'être maniée par des spécialistes pour plus d'efficacité.

66. Responsabilité civile et principe de précaution – Le principe de précaution a une influence non négligeable en droit de la responsabilité civile et il a reçu à ce titre « une attention importante de la doctrine »[4] afin d'envisager « la création d'une nouvelle action en "responsabilité préventive" »[5] et évaluer sa potentielle influence sur la qualification de faute[6]. Sur ce point, la jurisprudence a ainsi considéré que le manquement au

---

[1] HAUTEREAU-BOUTONNET M., « Quel avenir pour le régime de réparation du préjudice écologique ? », *op. cit.*

[2] PARANCE B., La réparation des préjudices liés au dommage environnemental, dans Neyret Laurent et Martin Gilles (dir.), *Nomenclature des préjudices environnementaux*, *op. cit.*, p. 297.

[3] THIEBOLD E. et CAMPROUX DUFFRÈNE M-.P., « La preuve du préjudice écologique et de sa réparabilité », *op. cit.*, p. 138.

[4] HAUTEREAU-BOUTONNET M., *Responsabilité civile environnementale*, *op. cit.*, p. 89.

[5] VAN LANG A., *Droit de l'environnement*, *op. cit.*, p. 346.

[6] V. RADÉ C., « Le principe de précaution une nouvelle éthique de la responsabilité » [en ligne], *Revue Juridique de l'Environnement*, 2000, p. 75-89, [consulté le 26 mai 2024] ; HAUTEREAU-BOUTONNET M., *Responsabilité civile environnementale*, *op. cit.*, p. 89 ; PRIEUR M., BÉTAILLE J., CAMPROUX DUFFRENE M.-P. et *al.*, *Droit de l'environnement*, *op. cit.*

principe de précaution pouvait constituer une faute au sens de l'article 1382 du Code civil[1]. Le principe de précaution, par son incertitude[2], bouscule donc les règles classiques et les acquis de la responsabilité civile habituellement maniés par les juridictions de droit commun. Il permet de justifier une adaptation des règles et au surplus le traitement par une juridiction spécialisée afin d'optimiser la gestion du contentieux environnemental.

67. Transition – Cette réadaptation du droit de la responsabilité civile aux particularités du contentieux environnemental et spécialisation du droit de la preuve sont à mettre en lien avec la spécialisation des juridictions[3]. En effet, elle permettrait une gestion plus effective du contentieux environnemental. Sur ce point, des observations similaires peuvent également être faites s'agissant du contentieux pénal de l'environnement.

§2. La consolidation des outils du contentieux pénal

68. Annonce – S'agissant du contentieux pénal environnemental, il est possible de considérer que l'effectivité de la répression des atteintes à l'environnement se situe avant tout au stade des

---

[1] Civ. 3e, 3 mars 2010, n° 08-19.108.

[2] Au sens de l'Art. L. 110-1 C. envir. et Art. 5 de la Charte de l'environnement, le principe de précaution se caractérise précisément par son incertitude.

[3] DAVID T., L'apport du droit de la preuve à la réaction au dommage environnemental, dans Lagoutte Julien (dir.), *L'apport du droit privé à la protection de l'environnement*, *op. cit.*, p. 264.

poursuites, de l'enquête et de l'instruction. En effet, les poursuites conditionnent l'existence future d'une condamnation puisqu'elles sont la condition *sine qua non* à la saisie d'une juridiction de jugement. C'est également le cas de l'enquête *lato sensu* qui constitue le préalable obligatoire à la constitution d'un dossier bien ficelé permettant aux juges du siège de mener à terme cette répression. En ce sens, il est possible de considérer qu'elles constituent ensemble la pierre angulaire de l'effectivité de la répression. Il s'agira d'étudier le bénéfice de la spécialisation s'agissant de la gestion du contentieux pénal de l'environnement par l'usage de techniques spéciales d'enquête (A) et plus généralement du renforcement de la réponse pénale (B).

A. La spécialisation des techniques d'enquêtes

69. Techniques d'enquête et juridictions spécialisées – Les infractions qui relèvent de la compétence de juridictions spécialisées bénéficient généralement de techniques spéciales d'enquête. Par exemple, les JIRS au sens des articles 706-75 et 706-73 et suivants du Code de procédure pénale, permettent le recours à la surveillance, l'infiltration ou encore aux perquisitions nocturnes[1]. Ces techniques d'enquêtes spécialisées ont précisément été mises en place afin de mieux lutter contre la délinquance et criminalité organisées face à laquelle les juridictions de droit commun, par manque de moyens, restaient impuissantes.

[1] CPP, art. 706-80 ; CPP, art. 706-81 ; CPP, art. 706-89 ; CPP, art. 706-90.

Certaines infractions environnementales bénéficient ainsi *de facto* de ces outils puisqu'elles relèvent de la JIRS lorsqu'elles sont commises en bande organisée ; qualification qui peut être retenue précisément afin de pouvoir utiliser des techniques d'enquêtes spécialisées[1]. Cette dernière pratique est d'ailleurs recommandée par la circulaire du 9 octobre 2023[2]. En outre, cette possibilité de recourir à des moyens d'investigation particuliers pour des infractions environnementales est également prévue pour le Pôle santé publique et environnement (PSPE) à l'article 706-2-2 du Code de procédure pénale[3]. Néanmoins, c'est seulement une partie des infractions environnementales

[1] À l'exception de la garde à vue de 96h. V. LAFITTE M., « L'information judiciaire environnementale en matière de criminalité orgnaisée », *op. cit.*, p. 42 ; BRÛLÉ A., « Le développement effectif de l'action des pôles régionaux environnementaux » [en ligne], *Dr. pén.,* 2023, p. 5-6, [consulté le 1er mai 2024].

[2] MINISTÈRE DE LA JUSTICE, *Circulaire n° 2023/F/0061/FF3BIS*, p. 9.

[3] LAGOUTTE J., *Environnement* (Fasc.), *op. cit.*, p. 45.

qui sont visées[1]. Pourtant, eu égard à la particularité précédemment évoquée des infractions environnementales, il apparaitrait opportun de pouvoir en bénéficier pour l'ensemble du spectre des atteintes à l'environnement. C'est en effet ce que considèrent Mathilde Hautereau-Boutonnet et Ève Truilhé relevant que l'usage d'écoutes téléphoniques, ou par exemple de filatures est encore rare dans les contentieux de l'environnement et mériterait d'être déployé. Ces outils ont en effet démontré leur efficacité puisqu'ils permettent de constituer un dossier solide pour les juridictions de jugement dans le cadre d'un contentieux qualifié de complexe[2]. Dès lors, la spécialisation des juridictions en matière environnementale permettrait précisément d'élargir le champ d'application de ces techniques

---

[1] Il s'agit des délits de trafic de déchets (C. envir., art. L.541-46), des atteintes au patrimoine naturel, lesquelles incluent les trafics d'espèces animales ou végétales protégées (C. envir., art. L.415-6), le délit de mise sur le marché de bois et de produits dérivés du bois issus d'une récolte illégale (Art. 76, *Loi n° 2014-1170 du 13 octobre 2014 d'avenir pour l'agriculture, l'alimentation et la forêt*, Journal officiel, 14 octobre 2014), le délit d'exploitation d'une mine ou de disposition d'une substance concessible sans titre d'exploitation ou autorisation, accompagné d'atteintes à l'environnement, prévu à l'article L. 512-2 du Code minier, lorsqu'il est connexe avec l'une des infractions mentionnées aux 1° à 17° de l'article 706-73 du Code de procédure pénale et la destruction, la dégradation ou la détérioration d'un bien appartenant à autrui par l'effet d'une substance explosive, d'un incendie de bois, forêts, landes, maquis, plantations ou reboisements d'autrui intervenus dans des conditions de nature à exposer les personnes à un dommage corporel ou à créer un dommage irréversible à l'environnement (C. pén., art. 322-6). V. MINISTÈRE DE LA JUSTICE, *Circulaire n° 2023/F/0061/FF3BIS*, p. 9.

[2] Notamment dans le cadre de l'affaire de braconnage dans le Parc national des Calanques. V. TRUILHÉ E. et HAUTEREAU-BOUTONNET M., *Le procès environnemental, Du procès sur l'environnement au procès pour l'environnement*, *op. cit.*, p. 215-221.

d'enquête au bénéfice des atteintes à l'environnement. En outre, elle permettrait d'opter pour les techniques spéciales d'enquête les plus adaptées à ce contentieux ; par exemple, l'usage de drone[1]. Enfin, ces techniques d'enquêtes spécialisées étant matériellement limitées, la spécialisation permettrait de les privilégier pour le contentieux environnemental, afin de ne pas les diluer dans le contentieux commun. La polarisation du contentieux centraliserait les moyens matériels afin d'optimiser leur usage. En ce sens, la spécialisation des juridictions en matière environnementale démontre toute son utilité.

70. Transition – La spécialisation des techniques d'enquête en matière environnementale au sein de juridictions spécialisées permettrait donc une meilleure gestion du contentieux environnemental. Néanmoins, le pivot de la répression pourrait se situer en amont avec l'orientation donnée par le procureur de la République au stade de l'opportunité des poursuites ; orientation qui conditionne la réponse pénale.

---

[1] La captation d'image par drone dans un lieu privé est envisageable pour la criminalité et délinquance organisées (CPP, art. 706-96 ; Cass., Crim., 15 nov. 2022, n° 22-80.097). La preuve par drone est déjà utilisée dans certains contextes pour la preuve d'un dommage environnemental dans le cadre de l'enquête de police administrative et la police judiciaire peut y recourir pour les lieux publics selon les articles 230-47 et suivants du Code de procédure pénale. V. DAVID T., L'apport du droit de la preuve à la réaction au dommage environnemental, dans Lagoutte Julien (dir.), *L'apport du droit privé à la protection de l'environnement*, *op. cit.*, p. 271 ; LAGOUTTE J., *Environnement* (Fasc.), *op. cit.*, p. 32.

B. Le renforcement de la réponse pénale

71. Une réponse pénale insuffisante – Le contentieux environnemental représente entre 0,5% et 1% de l'activité totale des juridictions. Cependant, son taux de classement sans suite et d'abandon des poursuites en cours de procédure est beaucoup plus élevé que pour la moyenne des délits[1]. En effet, en 2016 sur l'ensemble des infractions environnementales signalées, seulement 18% ont fait l'objet de poursuites pénales, ce qui est très largement en dessous des 43,6%[2] retenu pour l'ensemble du contentieux, alors que le nombre d'auteurs poursuivables est semblable[3]. De plus, la réponse pénale environnementale est constituée à 75 %[4] de mesures alternatives aux poursuites dont une majorité de rappels à la loi[5]. Selon Mathilde Hautereau-Boutonnet et Ève Truilhé, il s'agit de la conséquence de l'absence de

---

1 PARQUET GÉNÉRAL, Molins François (dir.), *Le traitement pénal du contentieux de l'environnement*, *op. cit.*, p. 10 ; 11.

2 Pour les chiffres de 2016. V. SSM JUSTICE, *Les chiffres clefs de la justice*, 2017, p. 14.

3 TRUILHÉ E. et HAUTEREAU-BOUTONNET M., *Le procès environnemental, Du procès sur l'environnement au procès pour l'environnement*, *op. cit.*, p. 209.

4 Dans certains domaines de l'environnement ce pourcentage peut monter jusqu'à 92,5% comme ce fut le cas en 2018 s'agissant de la pêche maritime. V. MINISTÈRE DE LA TRANSITION ÉCOLOGIQUE ET SOLIDAIRE et MINISTÈRE DE LA JUSTICE, *Tome 2 - Annexe 7 à 27 du rapport, Une justice pour l'environnement*, octobre 2019, p. 7.

5 PARQUET GÉNÉRAL, Molins François (dir.), *Le traitement pénal du contentieux de l'environnement*, *op. cit.*, p. 11.

spécialisation des procureurs en la matière[1]. En outre, les jugements correctionnels se font rares et les condamnations se font majoritairement par ordonnances pénales et comparutions sur reconnaissance préalable de culpabilité[2]. De plus, les tribunaux correctionnels prononcent huit fois plus de dispenses de peine, le taux de relaxe est élevé[3], 71%[4] des délits font l'objet d'une peine d'amende (dont les quantums sont jugés faibles)[5] et les peines d'emprisonnement ne représentent que 14% des sanctions prononcées[6]. Le bilan de l'effectivité du droit pénal de l'environnement est donc loin d'être satisfaisant, *a fortiori* si on prend en compte le chiffre noir du ministère de la Justice, auquel prendraient largement part les infractions environnementales[7]. Dès lors, on comprend

1 TRUILHÉ E. et HAUTEREAU-BOUTONNET M., *Le procès environnemental, Du procès sur l'environnement au procès pour l'environnement*, *op. cit.*, p. 220.

2 PARQUET GÉNÉRAL, Molins François (dir.), *Le traitement pénal du contentieux de l'environnement*, *op. cit.*

3 ROBACZEWSKI C., « Le traitement judiciaire des "petites" infractions environnementales », *op. cit.*, p. 16.

4 Ce pourcentage est de 35% pour l'ensemble des délits. V. PARQUET GÉNÉRAL, Molins François (dir.), *Le traitement pénal du contentieux de l'environnement*, *op. cit.*, p. 12.

5 HAERI K., MUNOZ-PONS V., TOUANSSA M., et *al*, « Spécialisation de la justice pénale environnementale : retour sur la loi du 24 décembre 2020 », *op. cit.*

6 Ce pourcentage est de 49% pour l'ensemble des délits. V. PARQUET GÉNÉRAL, Molins François (dir.), *Le traitement pénal du contentieux de l'environnement*, *op. cit.*

7 ROBACZEWSKI C., « Le traitement judiciaire des "petites" infractions environnementales », *op. cit.*, p. 12.

pourquoi en 2020[1] l'objectif était de renforcer la réponse pénale s'agissant des atteintes à l'environnement[2] ; renforcement qui pourrait passer par la spécialisation des juridictions en matière environnementale. À ce titre, d'aucuns considèrent que la spécialisation des parquets est à privilégier[3] puisqu'il conditionne la réponse pénale.

72. Renforcement des poursuites – En premier lieu, il faut souligner que le procureur ne bénéficie pas en matière d'environnement d'une pleine opportunité des poursuites[4]. En effet, certaines infractions sont parfois conditionnées à une plainte préalable[5] ou à l'action de

[1] Étude d'impact n° JUSX1933222L, *Étude d'impact du Projet de loi relatif au parquet européen et à la justice pénale spécialisée*, *op. cit.*, p. 151.

[2] BODDINGTON E., « Introduction », *RJA*, 2021, p. 5.

[3] TRUILHÉ E. et HAUTEREAU-BOUTONNET M., *Le procès environnemental, Du procès sur l'environnement au procès pour l'environnement*, *op. cit.*, p. 209.

[4] En ce sens voir les développements de Julien Lagoutte : LAGOUTTE J., *Environnement* (Fasc.), *op. cit.*, p. 56.

[5] Selon l'article L. 429-34 du Code de l'environnement : « Si le coupable est un proche de la personne à qui appartient le droit de chasse, la poursuite n'a lieu que sur plainte. La plainte peut être retirée. ».

l'administration[1] qui œuvre pour une forme de dépénalisation en privilégiant les sanctions administratives[2]. D'aucuns relèvent ainsi que « le choix de poursuivre de telles atteintes n'intervient qu'à l'extrémité d'une chaine de choix dont chaque maillon ouvre une possibilité alternative »[3]. Or, ce frein à une réponse pénale effective du parquet nait précisément de l'inexpérience de ces magistrats face au contentieux environnemental. En effet, en 2012, le législateur souhaitant renforcer la répression des atteintes à l'environnement avait confié prioritairement le pouvoir de sanction aux administrations spécialisées considérant que les juges étaient dépourvus face à ce contentieux et « qu'il vaudrait mieux un petit quelque chose (administratif) qu'un grand rien du tout (judiciaire) »[4]. En ce sens, la spécialisation pourrait donc démontrer toute son utilité pour renforcer qualitativement

---

[1] Premièrement, l'administration apparait être aux premières loges afin de prendre connaissance des atteintes à l'environnement et elle ne dispose pas nécessairement d'une obligation de transmettre ces informations au procureur de la République. Julien Lagoutte relève en effet que les parquets ne sont avisés que d'un faible nombre d'infractions dans un contentieux où déjà un grand nombre d'infractions ne sont pas constatées. *De facto* le parquet passe ainsi à coté d'éventuelles infractions. Aussi, il souligne le rôle important du directeur régional de l'administration chargée des forêts qui « concurrence » les magistrats du parquet puisqu'il remplit « toutes les fonctions du ministère public ». V. LAGOUTTE J., *Environnement* (Fasc.), *op. cit.*, p. 19 ; 50 ; 56.

[2] BENEZECH F., « Approche globale de la délinquance environnementale : le rôle des procureurs de la République », *op. cit.*, p. 25.

[3] BARONE S., « L'environnement en correctionnelle. Une sociologie du travail judiciaire », *op. cit.*

[4] REDON L., « La place des alternatives aux poursuites dans la réponse pénale des atteintes à l'environnement, État des lieux juridique et quantitatif », *RJA*, 2021, p. 73.

— et non plus seulement quantitativement[1] — la réponse apportée au contentieux de l'environnement. En deuxième lieu, il semble que plus qu'ailleurs on puisse transiger sur la problématique environnementale. En effet, parmi les alternatives aux poursuites, la transaction pénale arrive en tête. Or, la transaction est critiquable à deux égards. Tout d'abord parce qu'il ne s'agit pas à proprement parler d'une sanction pénale et qu'en ce sens on ne peut se satisfaire d'un tel résultat[2]. Elle participe à ce titre au sentiment d'impunité[3] qui entoure la répression des atteintes à l'environnement et au *greenwashing*[4]. Sur ce point, la

---

[1] Quantitativement, notamment en raison du nombre élevé d'alternatives aux poursuites, le contentieux environnemental reçoit une réponse pénale assez forte.

[2] REDON L., « La place des alternatives aux poursuites dans la réponse pénale des atteintes à l'environnement, État des lieux juridique et quantitatif », *op. cit.*, p. 75.

[3] Selon un rapport de la Commission des lois du Sénat à propos de la transaction en 1998. V. REDON L., « La place des alternatives aux poursuites dans la réponse pénale des atteintes à l'environnement, État des lieux juridique et quantitatif », *op. cit.*

[4] Louis Redon relève que la transaction pénale participe au *greenwashing* des grandes entreprises qui achètent leur « virginité environnementale » et évitent un procès médiatique qui pourrait altérer leur image de marque. V. REDON L., « La place des alternatives aux poursuites dans la réponse pénale des atteintes à l'environnement, État des lieux juridique et quantitatif », *op. cit.*, p. 74.

nouvelle CJIPE ne semble guère plus satisfaisante[1]. Enfin, parce que ces transactions peuvent résulter de la non réactivité des parquets généraux qui n'accordent pas priorité aux dossiers environnementaux et laissent ainsi le temps aux administrations de transiger avant la mise en mouvement de l'action publique[2]. En outre, parce que le magistrat, non spécialisé qui homologue *in fine* ces transactions, ne peut véritablement en saisir les enjeux. En ce sens, à défaut de poursuites, l'usage de la transaction, voire de la CJIPE, mériterait d'être déployé au sein de juridictions spécialisées afin de *a minima* en optimiser les vertus et prescrire dans ces accords des mesures de réparations opportunes et adéquates. Or, faute de spécialisation, les juridictions passent ainsi à côté de la protection effective de l'environnement. En troisième lieu, s'agissant plus généralement des alternatives aux poursuites, leur usage est encouragé par la politique pénale lorsque l'atteinte est peu grave pour l'environnement et ne

---

[1] La CJIPE est introduite par la loi du 24 décembre 2020. Celle-ci semble recevoir un accueil mitigé de la doctrine. En effet, si certains semblaient nourrir beaucoup d'espoir dans l'institution de ce dispositif, d'autres ne lui réservaient pas le même accueil. Julien Lagoutte parle « d'achat d'un droit à polluer » et lorsqu'il s'interroge et se demande quoi penser de cet outil il répond : « du mal assurément ». À ce titre, les différentes CJIPE signées depuis leurs entrées en vigueur semble confirmer cet apriori au vu du montant des amendes d'intérêts publics prononcé nettement inférieur à l'amende encourue (par exemple 5 000€ contre 375 000€) ainsi que la priorité qui semble être donnée aux dommage et intérêts au détriment de la réparation en nature. V. LAGOUTTE J., *Environnement* (Fasc.), *op. cit.*, p. 55 ; LAGOUTTE J., « Joyeux Noël ? Regard sur le chapitre V de la loi du 24 décembre 2020 relative au Parquet européen, à la justice environnementale et à la justice pénale spécialisée » *op. cit.*, p. 14.

[2] ROBACZEWSKI C., « Le traitement judiciaire des "petites" infractions environnementales », *op. cit.*, p. 16.

résulte pas d'un manquement réitéré ou délibéré[1]. Toutefois, derrière cet objectif louable d'optimiser la réponse pénale, la réalité est toute autre. En effet, les alternatives aux poursuites ne sont pas toujours « à fort contenu »[2] et sont souvent le résultat de la méconnaissance ou du détachement des parquets s'agissant des dossiers environnementaux[3]. En ce sens, il s'agit d'alternatives en pure opportunité, résultat de la non-spécialisation des magistrats du parquet qui croulent sous d'autres priorités[4] ou emploient les alternatives comme « pis-aller pour éviter le renvoi à l'audience d'un contentieux technique et ardu »[5]. En effet, d'aucuns soulignent que « compte tenu

---

[1] MINISTÈRE DE LA JUSTICE, *Circulaire n° JUSD1509851C du 21 avril 2015 relative aux orientations de politique pénale en matière d'atteintes à l'environnement*, 21 avril 2015.

[2] Le Procureur général près la cour d'appel de Bordeaux parle « d'alternatives aux poursuites à fort contenu » pour les différencier des alternatives mises en place en opportunité où on fait amende honorable devant un délégué du procureur avant de passer à autre chose. V. VIVER-DARVIOT M., [entretien], *op. cit.,* Annexe 4.

[3] Dans les parquets généraux, en raison de la masse des affaires à traiter on peut observer une forme de hiérarchisation des contentieux, notamment en fonction de la politique pénale, au sein de laquelle le contentieux environnemental n'est pas priorisé. V. ROBACZEWSKI C., « Le traitement judiciaire des “petites” infractions environnementales », *op. cit.* ; PAOLO P., « "Tous les quatre matins, les parquets ont de nouvelles priorités" : pourquoi la justice environnementale peine à se faire une place en France » [en ligne], *France info*, 2023, [consulté le 29 mai 2024].

[4] Julien Bataille relève que « Tous les quatre matins, les parquets ont de nouvelles priorités. En ce moment, c'est le trafic de drogue, les violences aux personnes, les violences intrafamiliales, donc l'environnement est noyé ». V. PAOLO P., « "Tous les quatre matins, les parquets ont de nouvelles priorités" : pourquoi la justice environnementale peine à se faire une place en France », *op. cit.*

[5] ROBACZEWSKI C., « Le traitement judiciaire des “petites” infractions environnementales », *op. cit.*

de l'absence de spécialisation suffisante des juridictions, d'une appréhension inappropriée des enjeux environnementaux [...] ce recours correspond moins à des impératifs de politique pénale qu'à un défaitisme tactique d'éviter l'audience »[1]. Or, la réalité de la réponse des juridictions de jugement ne fait pas mentir ce triste constat. On peut donc espérer que la spécialisation, *a fortiori* celle des parquets, contribuera à globalement renforcer la réponse pénale apportée par les juridictions aux atteintes à l'environnement.

73. Transition – Au regard des dispositifs procéduraux déployés au sein des juridictions non spécialisées, on ne peut que constater le traitement inefficace du contentieux environnemental. À ce titre, la spécialisation des juridictions semble bénéfique afin de spécialiser les outils procéduraux ou d'optimiser l'usage des dispositifs existants pour une réponse judiciaire tant quantitative que qualitative. Il s'agira maintenant d'étudier le bénéfice de la spécialisation sous le prisme de l'optimisation des moyens humains.

Section 2 - L'optimisation des moyens humains par la spécialisation des juridictions

74. Annonce – Dans un contexte de crise de l'institution judiciaire, la rentabilité des dossiers et la gestion managériale des contentieux font partie de la réalité de nos juridictions. En effet, la complexité et la

[1] TRICOT J., « Utilité et spécificités de la responsabilité pénale des personnes morales en matière environnementale », *RJA*, 2021, p. 97.

technicité des atteintes à l'environnement nécessitent du temps et les magistrats, très peu sensibilisés à la question, ne savent pas comment aborder ces contentieux noyés parmi les autres dossiers. Aussi, le ressort géographique des atteintes pourrait nécessiter une coordination des acteurs. Ces constatations ont des conséquences directes sur le traitement de ce contentieux et s'observent concrètement au regard des chiffres précédemment évoqués. En ce sens, le contentieux environnemental pourrait nécessiter une gestion des ressources humaines particulière à laquelle ne peuvent faire face les juridictions de droit commun. Sur ce point, on peut attendre de la spécialisation des juridictions la rationalisation de ces moyens permettant de renforcer la gestion des atteintes à l'environnement. Il s'agira d'étudier l'optimisation des moyens humains par la spécialisation des juges (§1) et l'articulation des acteurs du contentieux environnemental (§2).

§1. Le renforcement par la spécialisation des magistrats

75. Annonce – Les juridictions de droit commun ne disposent pas toutes des mêmes moyens et priorités face au traitement des atteintes à l'environnement[1]. Or, le contentieux environnemental perturbe la gestion classique des contentieux. En effet, le rapport du parquet général relève qu'il s'agit d'une matière qui « rend difficile le

---

[1] PRIEUR M., BÉTAILLE J., CAMPROUX DUFFRENE M.-P. et *al.*, *Droit de l'environnement*, *op. cit.*, p. 1611.

travail même pour un magistrat aguerri »[1]. En ce sens, la spécialisation des juges pourrait permettre d'optimiser le traitement du contentieux environnemental puisqu'il permettrait précisément de former les magistrats et concentrer leurs compétences au bénéfice d'une réponse judiciaire plus satisfaisante. Ainsi, il s'agira d'envisager eu égard à la spécialisation des juridictions, l'adaptation par la formation des magistrats (A) et le regroupement des compétences (B).

A. L'adaptation par la formation des magistrats

76. La nécessité de sensibiliser aux problématiques environnementales – Aujourd'hui, il semble que la spécialisation par la formation des magistrats s'impose puisque « plus un juge n'échappe au contentieux environnemental »[2]. Sur ce point, le rapport dirigé par François Molins s'accorde à dire qu'il faut spécifiquement former les magistrats à ce contentieux[3]. Toutefois, eu égard aux différents domaines composant ce droit, on ne peut valablement attendre de ces formations la transformation des magistrats en scientifiques, tant la matière est vaste et technique[4]. Leur objectif doit donc

---

[1] PARQUET GÉNÉRAL, Molins François (dir.), *Le traitement pénal du contentieux de l'environnement*, *op. cit.*, p. 18.

[2] TRUILHÉ E. et HAUTEREAU-BOUTONNET M., *Le procès environnemental, Du procès sur l'environnement au procès pour l'environnement*, *op. cit.*, p. 17.

[3] PARQUET GÉNÉRAL, Molins François (dir.), *Le traitement pénal du contentieux de l'environnement*, *op. cit.*

[4] TRUILHÉ E. et HAUTEREAU-BOUTONNET M., *Le procès environnemental, Du procès sur l'environnement au procès pour l'environnement*, *op. cit.*, p. 201.

plutôt viser l'appréhension de l'arsenal législatif — dont il est relevé qu'il ne bénéficie pas d'une application effective[1] — ; la sensibilisation aux questions environnementales — afin de remédier à la déconnexion des magistrats à ce sujet[2] — et la connaissance des mécanismes et acteurs intervenant dans ces litiges. Ces formations auraient alors pour bénéfice d'accorder aux magistrats une compétence avérée en la matière afin de traiter plus efficacement ces contentieux au profit de décisions plus solides et acceptées par la population[3]. En outre, une étude démontre que les magistrats qui ne sont pas spécialisés au contentieux environnemental ont tendance à se focaliser sur les mauvais éléments du dossier et peuvent ainsi difficilement affronter les avocats spécialisés à qui ils font face à l'audience[4]. La spécialisation permettrait alors d'optimiser les moyens humains au bénéfice d'une meilleure gestion du contentieux.

77. Formation des magistrats – L'ENM a donc renforcé la formation des magistrats au contentieux

---

[1] PARQUET GÉNÉRAL, Molins François (dir.), *Le traitement pénal du contentieux de l'environnement*, *op. cit.*

[2] BARONE S., « L'impunité environnementale. L'État entre gestion différentielle des illégalismes et désinvestissement global », *op. cit.*

[3] TRUILHÉ E. et HAUTEREAU-BOUTONNET M., *Le procès environnemental, Du procès sur l'environnement au procès pour l'environnement*, *op. cit.*, p. 202.

[4] BARONE S., « L'impunité environnementale. L'État entre gestion différentielle des illégalismes et désinvestissement global », *op. cit.* ; BARONE S., « L'environnement en correctionnelle. Une sociologie du travail judiciaire », *op. cit.*

environnemental[1]. En premier lieu au cours de la formation initiale les auditeurs de justice à l'ENM bénéficient désormais d'une séquence dédiée nommée « Justice et environnement » ainsi que de propositions de stages extérieurs dans des domaines environnementaux[2]. Toutefois, il ne peut s'agir que d'une sensibilisation aux questions environnementales en raison de la nécessité de préparer les auditeurs aux contentieux généraux pour les rendre opérationnels en sortie de formation. Proportionnellement à la part que représente le contentieux environnemental dans le contentieux général, il n'est en effet pas raisonnable de le développer démesurément au sein d'un programme déjà bien chargé[3] ; il n'est « pas question de ne former que des experts »[4]. En second lieu, les enseignements en droit de l'environnement peuvent se dérouler au cours de sessions de formations continues pour les magistrats déjà en poste. Ces formations permettent aux magistrats intéressés d'acquérir une connaissance approfondie de ce

---

[1] PARQUET GÉNÉRAL, Molins François (dir.), *Le traitement pénal du contentieux de l'environnement*, *op. cit.*, p. 19.

[2] ENM, *Droit de l'environnement : comment sont formés les magistrats ?* [en ligne], [consulté le 30 mai 2024].

[3] PARQUET GÉNÉRAL, Molins François (dir.), *Le traitement pénal du contentieux de l'environnement*, *op. cit.*

[4] VIVER-DARVIOT M. et ROUILLARD J., Écologi(sm)e et formation des magistrats, dans Lagoutte Julien (dir.), *Écologisme et droit pénal* [en ligne], Lexbase Pénal, 2023, p. 56.

contentieux[1]. Toutefois, il s'agit de volontariat et ces formations ont donc longtemps été délaissées[2]. Néanmoins, la récente création de l'Association française des Magistrats pour la justice environnementale[3] démontre la prise en considération nouvelle de ces problématiques par nos magistrats. Cependant, il semble que la spécialisation s'opèrera d'abord par la formation initiale et l'arrivée des nouvelles générations qui nourrissent un

[1] On relève quatre sessions dédiées qui permettent de balayer largement l'éventail des domaines environnementaux avec : (1) Les droits de l'environnement ; (2) L'animal et le droit ; (3) Enquêter sur les atteintes à l'environnement et à la santé publique ; (4) Cycle approfondi sur la justice environnementale (CAJE) 2024. Les objectifs affichés de ces formations étant notamment : « identifier les grands enjeux scientifiques de la protection de l'environnement » ; « se repérer dans l'organisation judiciaire en matière environnementale » ; « reconnaître les partenaires de l'institution judiciaire en la matière » ; « s'initier aux principaux contentieux environnementaux » ; « définir les principaux outils judiciaires de lutte contre les atteintes à l'environnement » ou encore « expliquer la notion de préjudice écologique ». Leurs durée varie de 24h de formation à 120h de formation. V. ENM, *Les droits de l'environnement* [en ligne] ; ENM, *L'animal et le droit* [en ligne] ; ENM, *Enquêter sur les atteintes à l'environnement et à la santé publique* [en ligne] ; ENM, *Cycle approfondi sur la justice environnementale (CAJE) 2024* [en ligne] ; ENM, *Justice environnementale : un nouveau cycle de formation continue* [en ligne] ; ENM, *Former les magistrats à la justice environnementale* [en ligne], [consulté le 30 mai 2024].

[2] Si des formations sont données aux magistrats encore faut-il que ces derniers s'y inscrivent lorsqu'ils n'y ont pas été formés au sein de la formation initiale. Or, certaines formations au contentieux environnemental ont disparu faute d'inscrit. V. BARONE S., « L'impunité environnementale. L'État entre gestion différentielle des illégalismes et désinvestissement global », *op. cit.* ; BARONE S., « L'environnement en correctionnelle. Une sociologie du travail judiciaire », *op. cit.*

[3] Créée en novembre 2022.

intérêt grandissant pour ces problématiques[1] et considèrent que « l'écologie représente le "cheval de bataille" sur lequel doit s'organiser l'action publique au XXIe [siècle] »[2]. Enfin, il semble que ce soit surtout à l'occasion des changements de fonction vers les postes spécialisés que la formation des magistrats pourrait, de concert avec la spécialisation des juridictions, déployer tout son potentiel[3]. Il s'agit à ce jour d'une préconisation de la chancellerie s'agissant des magistrats référents environnement qui « sont vivement invités à participer aux sessions de formation continue spécifiques en lien avec les problématiques environnementales rencontrées sur leur ressort »[4]. On peut toutefois regretter qu'il ne s'agisse que d'une simple invitation. Cependant, eu égard à la transversalité du contentieux environnemental, les magistrats spécialisés devront conserver leur bagage

---

[1] VIVER-DARVIOT M. et ROUILLARD J., Écologi(sm)e et formation des magistrats, dans Lagoutte Julien (dir.), *Écologisme et droit pénal*, *op. cit.*, p. 57.

[2] Témoignage d'un auditeur de la promotion de 2019. V. LE BIDEAU A., « Le stage extérieur proposé aux auditeurs de justice à l'office français de la biodiversité », *RJA*, 2021, p. 188.

[3] Il semble que les magistrats nommés à ces postes spécialisés, tel le cas des PRE, ne bénéficient pas à ce titre de formation supplémentaire. Le rapport du parquet général soulève qu'il apparaitrait opportun « d'instaurer une formation obligatoire préalable à l'entrée en fonction à un poste spécialisé traitant du contentieux de l'environnement […] dans le cadre des formations changement de fonction mises en place par l'École nationale de la magistrature ». V. VIVER-DARVIOT M. et ROUILLARD J., Écologi(sm)e et formation des magistrats, dans Lagoutte Julien (dir.), *Écologisme et droit pénal*, *op. cit.* ; PARQUET GÉNÉRAL, Molins François (dir.), L*e traitement pénal du contentieux de l'environnement*, *op. cit.*, p. 25.

[4] MINISTÈRE DE LA JUSTICE, *Circulaire n° 2023/F/0061/FF3BIS*, p. 10.

généraliste afin d'être de meilleurs spécialistes[1]. Ainsi, dans la perspective de la spécialisation, il faudra tâcher de ne pas substituer un écueil par un autre en délaissant le socle commun alors que dans le contentieux environnemental tout ne se rattache pas à l'environnement ; à moins de favoriser, au surplus, une coordination et communication des services généraux et spécialisés.

78. Transition – La formation des magistrats semble être une condition *sine qua non* à l'effectivité voire à l'existence même de la spécialisation. Toutefois, elle n'est pas le seul levier sur lequel il est possible de jouer afin d'optimiser la gestion du contentieux environnemental. En effet, la force de la spécialisation des juges résulte également plus généralement de la concentration de leurs compétences au sein d'une juridiction.

B. Le regroupement des compétences

79. Dessaisissement des dossiers environnementaux et hiérarchie des contentieux – « Déconnection des magistrats par rapport aux questions environnementales », « pas une priorité », « "myopie" des institutions judiciaires » et faible intérêt des magistrats pour ces affaires permettent d'illustrer la réalité judiciaire

---

[1] TRUILHÉ E. et HAUTEREAU-BOUTONNET M., *Le procès environnemental, Du procès sur l'environnement au procès pour l'environnement*, *op. cit.*, p. 221.

du traitement des dossiers environnementaux[1]. La complexité et technicité du contentieux auxquelles les magistrats des juridictions de droit commun ne sont pas formés expliquent son délaissement et entrainent alors une « dépénalisation de fait »[2]. Un référent environnement admet ainsi que « personne ne veut faire de [ce] contentieux technique, très chronophage et pas rentable »[3] alors que la pression du rendement fait partie du quotidien. Ainsi, les juridictions de droit commun n'ont pas les moyens humains et matériels pour opportunément faire face à ces dossiers, ce qui conduit à une hiérarchisation des contentieux, au premier rang desquels ne se trouve pas *de facto* le contentieux environnemental[4]. Dans les juridictions de droit commun « pour un dossier sur la pollution d'un cours d'eau [il y en a] des centaines sur le trafic de stupéfiants [et] les violences conjugales » et ce dossier bloque les magistrats « deux ou trois jours [...] là

---

[1] BOUCHERIFI T., *Le traitement des atteintes à l'environnement par la justice pénale*, *op. cit.*, p. 69 ; BARONE S., « L'impunité environnementale. L'État entre gestion différentielle des illégalismes et désinvestissement global », *op. cit.*

[2] AGOGUET D., ATZENHOFFER D., DELBOS V. et *al.*, « Les incriminations environnementales », *op. cit.*, p. 84.

[3] MAGNIN L., ROUMÉAS R. et BASIER R., *Polices environnementales sous contraintes*, *op. cit.*, p. 11.

[4] Sylvain Barone relève que « En raison à la fois de la surcharge des tribunaux et des évaluations chiffrées dont les juridictions et les magistrats font l'objet, une tendance existe à privilégier les affaires simples et traitables rapidement » ce qui s'avère défavorable pour les dossiers environnementaux. V. BARONE S., « L'impunité environnementale. L'État entre gestion différentielle des illégalismes et désinvestissement global », *op. cit.*

où ils auraient pu traiter 50 autres dossiers »[1]. De plus, à cette hiérarchie matérielle s'ajoute une hiérarchie de valeurs. En effet, on peut lire « quand les petites filles se font violer, quand il faut poursuivre des trafiquants de drogue, la survie des poissons peut attendre »[2], voire constater le malaise que peut ressentir un magistrat à requérir ou condamner à un quantum similaire pour ces infractions[3]. Ainsi, une acculturation des magistrats est nécessaire dans un contexte où les atteintes aux biens et aux personnes bénéficient d'un ancrage solide dans la culture professionnelle des magistrats et où le contentieux environnemental noyé parmi ces autres dossiers passe *de facto* au second plan[4]. En ce sens, la spécialisation des juges et la concentration de leurs compétences au sein d'une juridiction dédiée permettrait de remédier à ces constats puisque les dossiers environnementaux se retrouveraient traités au sein de juridictions dédiées

---

[1] PAOLO P., « "Tous les quatre matins, les parquets ont de nouvelles priorités" : pourquoi la justice environnementale peine à se faire une place en France », *op. cit.*

[2] MAGNIN L., ROUMÉAS R. et BASIER R., *Polices environnementales sous contraintes*, *op. cit.*, p. 44.

[3] VIVER-DARVIOT M., [entretien], *op. cit.,* Annexe 4 ; BARONE S., « L'environnement en correctionnelle. Une sociologie du travail judiciaire », *op. cit.*

[4] BARONE S., « L'impunité environnementale. L'État entre gestion différentielle des illégalismes et désinvestissement global », *op. cit.*

— voire d'audiences dédiées[1] —, par des magistrats sensibilisés et formés qui seront à même de comprendre les enjeux, prescrire les mesures adéquates et accorder le temps nécessaire à la gestion de ce contentieux.

80. Spécialisation et bonne administration de la justice – La spécialisation des juridictions serait une « illustration de la "bonne administration de la justice" » en ce qu'elle permet de traiter plus rapidement et qualitativement les dossiers environnementaux[2]. En effet, la spécialisation des juges et la création de juridictions spécialisées favorisent le regroupement des compétences et l'optimisation des moyens humains pour une gestion rationalisée du contentieux[3]. Elles permettent ainsi de concentrer les juges spécialisés, mais également le personnel de ces juridictions et dispositifs procéduraux afin d'en optimiser le potentiel. Or, l'une des principales raisons opposée à la mauvaise gestion du contentieux environnemental est l'insuffisance de ressources humaines et matérielles contribuant à la surcharge des juridictions de

---

[1] Les audiences dédiées permettent également aux magistrats de ne pas traiter les dossiers environnementaux entre une agression sexuelle et un vol afin de ne pas hiérarchiser les condamnations en fonction des contentieux. Ces audiences pourraient permettre de prendre en compte les atteintes à l'environnement *per se* à leur juste valeur sans les comparer aux peines accordées aux autres infractions. V. VIVER-DARVIOT M., [entretien], *op. cit.,* Annexe 4 ; BARONE S., « L'environnement en correctionnelle. Une sociologie du travail judiciaire », *op. cit.*

[2] DEPAY M., « Spécialisation des tribunaux, vers une politique pénale environnementale renforcée ? » [en ligne], *Village de la Justice,* 2021, [consulté le 28 février 2024].

[3] TRUILHÉ E. et HAUTEREAU-BOUTONNET M., *Le procès environnemental, Du procès sur l'environnement au procès pour l'environnement*, *op. cit.*, p. 210.

droit commun. Et, face à l'actuelle crise de la justice, les juridictions classiques sont les plus exposées à ce manque de moyens. D'aucuns considèrent d'ailleurs que la spécialisation des juges n'est pas synonyme d'une qualité supérieure à celle des autres magistrats, mais simplement « [d'] une plus grande capacité à gérer ces dossiers particuliers, grâce à une plus grande disponibilité »[1]. En ce sens, la spécialisation des juges par le regroupement des compétences attribuées à un contentieux donné, en dehors de toute formation, est déjà gage d'un traitement plus efficace du contentieux. Spécialiser les juges au sein de juridictions dédiées permettrait ainsi à ces magistrats de se focaliser exclusivement sur les dossiers environnementaux pour pallier les insuffisances symptomatiques des juridictions de droit commun et optimiser la gestion du contentieux de l'environnement. C'est cette philosophie qui avait en partie guidé la création de juridictions spécialisées en matière de criminalité et délinquance organisées (JIRS ou JUNALCO) : ne pas diluer les moyens humains et matériels afin de mieux lutter contre le haut spectre de la délinquance et criminalité organisées. En outre, si ces dossiers sont aujourd'hui moins nombreux, il n'est pas certain que le contentieux environnemental demeure une préoccupation secondaire au cours du prochain siècle. Dès lors, ce regroupement des compétences permettrait aussi d'anticiper l'augmentation future du contentieux afin que l'institution judiciaire ne se retrouve pas — si ce n'est pas déjà le cas — très rapidement dépassée. Néanmoins, cette spécialisation ne

---

[1] GINESTET C., Le regroupement fondé sur la complexité du contentieux : la matière économique et financière, dans Ginestet Catherine (dir.), *La spécialisation des juges*, L.G.D.J., 2012, p. 131.

doit pas se faire à moyens constants comme cela a été le cas jusqu'à aujourd'hui[1] et il ne faut pas spolier la juridiction de droit commun, des moyens humains qui lui permettent de se maintenir à flot. On peut espérer de la dernière loi d'orientation[2] que la hausse du budget de la justice et l'augmentation du personnel judiciaire (notamment 1 500 magistrats supplémentaires) puissent en partie alimenter les nouvelles juridictions spécialisées qu'il sera nécessaire de mettre en place eu égard à l'augmentation volumétrique du contentieux de l'environnement.

81. Transition – L'optimisation des moyens humains passe par la spécialisation des magistrats qui sont formés à ce contentieux et permet aux atteintes à l'environnement de bénéficier du regroupement de leurs compétences pour une meilleure gestion du contentieux environnemental. Mais, elle passe également par la meilleure articulation des compétences, conséquence directe de cette formation des magistrats et concentration des compétences.

§2. Le renforcement par une meilleure articulation des acteurs

82. Annonce – La complexité géographique du contentieux environnemental — qui peut s'étendre sur le

[1] DEPAY M., « Spécialisation des tribunaux, vers une politique pénale environnementale renforcée ? », *op. cit.*

[2] *Loi n° 2023-1059 du 20 novembre 2023 d'orientation et de programmation du ministère de la justice 2023-2027*, Journal officiel, 21 novembre 2023.

ressort de plusieurs juridictions — et sa transversalité — notamment avec la délinquance financière et la criminalité organisée — rendent opportun la coordination des parquets sur le territoire. De plus, la complexité technique et scientifique de ce contentieux peut nécessiter, outre les magistrats spécialisés, l'intervention de spécialistes présents dans les administrations en charge des réglementations environnementales. À ce titre, la spécialisation des magistrats et le regroupement des compétences précédemment évoqués peuvent largement contribuer à l'optimisation de cette gestion *sui generis* du contentieux. Ainsi, il s'agira d'envisager eu égard à la spécialisation des juridictions, l'amélioration de la coordination des parquets (A) et de la communication avec les administrations (B).

A. Une amélioration de la coordination des parquets

83. Une coordination des parquets – En premier lieu, la particularité du ressort géographique des atteintes à l'environnement se diffusant à travers les frontières départementales, régionales voire nationales, rend opportune, pour une meilleure gestion du contentieux, la coordination des parquets[1]. En effet, en cas de périmètre géographique élargi, il peut être utile pour les parquets de coordonner les enquêtes et informations (*a fortiori* s'agissant de contentieux de dimension internationale) ou encore de définir des stratégies communes s'agissant de la politique pénale en matière d'environnement. À ce titre, la circulaire relative à la politique pénale en matière de

[1] V. *Supra*, Partie 1, Chapitre 1, Section 2, §2, B, n° 55 s.

justice pénale environnementale prévoit qu'une réunion associant l'ensemble des parquets du ressort de la cour d'appel et présidée par le procureur général doit être organisée pour déterminer les priorités de la politique pénale environnementale et identifier les particularités locales eu égard à la polymorphie du contentieux. Elle prévoit également un système de double information des services d'enquêtes vers le Pôle régional spécialisé en matière d'atteinte à l'environnement (PRE) et le parquet infrapôle afin de « permettre aux deux parquets [...] d'engager l'analyse sur le périmètre de l'affaire et initier, le cas échéant, la concertation aux fins de dessaisissement »[1]. Or, cette coordination est renforcée par la spécialisation des juridictions puisqu'elle permet aux juridictions nationales internes et externes de bénéficier d'un interlocuteur privilégié avec qui communiquer ainsi que d'un réseau de magistrats de liaison[2]. À ce titre, on pense au référent environnement, magistrat spécialisé recommandé au sein des parquets généraux et effectivement mis en place au sein des PRE, qui se présente comme un bon candidat afin de mener à bien cette coordination[3]. En second lieu, la coordination des parquets est opportune eu égard à la qualité des potentiels auteurs de ces atteintes à l'environnement. En effet, dans le contentieux environnemental, les personnes morales

---

[1] MINISTÈRE DE LA JUSTICE, *Circulaire n° 2023/F/0061/FF3BIS*, p. 6.

[2] Le parquet des JULIS par exemple — juridictions spécialisées dans un domaine du droit de l'environnement — « a recours à la coopération pénale internationale facilitée par le réseau de magistrats de liaison ». V. LAGIER F., « Le traitement pénal de la pollution des navires », *op. cit.*, p. 33.

[3] V. *Infra*, Partie 2, Chapitre 1, Section 1, §2, A, n° 110.

sont surreprésentées parmi les auteurs[1] et les grandes entreprises peuvent *de facto* être sujettes à des atteintes réitérées. Or, comme nous l'avons précédemment évoqué, les alternatives aux poursuites sont courantes et certaines n'apparaissent pas dans le casier judiciaire[2]. En ce sens, la coordination des parquets, face à une entreprise qui disposerait d'intérêts dans le ressort de plusieurs territoires, permettrait d'appréhender globalement le comportement de ce potentiel auteur lorsqu'il est poursuivi dans une affaire. Sur ce point, la spécialisation des juridictions présente ainsi l'avantage de la centralisation des informations.

84. Une coordination des parquets spécialisés – Enfin, la transdisciplinarité du contentieux environnemental (notamment avec la criminalité et délinquance organisées ou encore la délinquance financière) rend pertinente, pour une meilleure gestion du contentieux, la coordination des parquets. En effet, afin de traiter efficacement le contentieux environnemental, lorsqu'il est transversal, il apparait bienvenu de mobiliser les compétences des parquets spécialisés dans les

---

[1] INFOSTAT JUSTICE, *Le traitement du contentieux de l'environnement par la justice pénale entre 2015 et 2019*, n° 182, *op. cit.*, p. 2.

[2] La transaction pénale ou encore la CJIPE ne sont pas inscrites au casier judiciaire. Toutefois, le bénéfice de la CJIPE reste la publicité dont elle bénéficie sur les sites du ministère de la Justice, du ministère de la Transition écologique et le site de la commune où l'infraction a été commise. V. ROBACZEWSKI C., « Le traitement judiciaire des "petites" infractions environnementales », *op. cit.*, p. 18 ; BENEZECH F., « Approche globale de la délinquance environnementale : le rôle des procureurs de la République », *op. cit.*, p. 24.

domaines avec lesquels il se combine. En ce sens, la spécialisation des juridictions favorise la mutualisation des compétences. Par exemple, lorsqu'il s'agit d'une atteinte à l'environnement commise en bande organisée ou encore lorsque le bénéfice de l'atteinte à l'environnement est blanchi au moyen de montages économiques spécifiques, l'intervention des parquets JIRS ou encore du PNF peut être pertinente. La coordination de ces parquets spécialisés permettrait ainsi de bénéficier de leur expertise associée à celle d'un éventuel « parquet environnement ». La spécialisation des juridictions en matière environnementale faciliterait alors cette coordination puisqu'elle mettrait en relation des parquets aux caractéristiques semblables (notamment une faible volumétrie des contentieux) leur permettant de mettre plus effectivement en oeuvre cette coordination. De plus, l'organisation juridictionnelle et la répartition sur le territoire des juridictions spécialisées apparaissent souvent coordonnées. Par exemple, les JIRS en matière économique et financière et les JIRS en matière de criminalité et délinquance organisées bénéficient des mêmes ressorts géographiques. En ce sens, la mutualisation des compétences est d'autant plus simple lorsque les juridictions spécialisées profitent également d'une proximité géographique afin de favoriser la communication de ses membres. Dès lors, si on envisage la spécialisation d'une juridiction en matière environnementale, le meilleur moyen d'optimiser la coordination de son parquet serait d'opter pour un ressort géographique similaire à celui des contentieux avec lesquels il se combine.

85. Transition – Ainsi, qu'il s'agisse d'atteintes à l'environnement classiques ou atteintes à l'environnement combinées à d'autres contentieux spécifiques, une coordination des parquets peut être bénéfique ; coordination qui pourrait être enrichie par l'amélioration de la communication avec les administrations, favorisée par la spécialisation des juridictions.

B. Une amélioration de la communication avec les administrations

86. Articulation des acteurs judiciaires et administratifs – Selon le rapport du parquet général : « la communication entre les acteurs judiciaires et l'administration constitue l'une des difficultés majeures du traitement du contentieux pénal de l'environnement, accentuée par la pluralité et la grande diversité des acteurs »[1]. En premier lieu, la variété des intervenants peut en effet rendre difficile pour le magistrat non spécialisé leur identification, la répartition de leurs compétences et prérogatives[2]. Or, ces administrations et services d'enquêtes spécialisés constituent une précieuse source d'information[3] afin de traiter efficacement et opportunément les dossiers environnementaux. En ce sens, la spécialisation permet au magistrat d'acquérir une connaissance approfondie de ces services et apparait donc

[1] PARQUET GÉNÉRAL, Molins François (dir.), *Le traitement pénal du contentieux de l'environnement*, *op. cit.*, p. 2.

[2] LE BIDEAU A., « Le stage extérieur proposé aux auditeurs de justice à l'office français de la biodiversité », *op. cit.*, p. 190.

[3] PARQUET GÉNÉRAL, Molins François (dir.), *Le traitement pénal du contentieux de l'environnement*, *op. cit.*

pertinente afin de favoriser leur communication avec les administrations ou polices spécialisées. C'est d'ailleurs l'objectif avancé par l'étude d'impact de la loi relative au Parquet européen et à la justice pénale spécialisée[1]. En second lieu, l'interaction entre les juridictions et l'administration apparait également utile afin de porter un dossier environnemental jusqu'à son terme : le jugement. En effet, la présence au cours de l'audience, d'agents spécialisés dans la lutte contre les atteintes à l'environnement — tels les inspecteurs de l'environnement — permettra véritablement de soutenir un dossier, *a fortiori* face à des avocats spécialisés. Ces agents pourront effectivement rappeler au tribunal la réglementation, le contexte, les enjeux, contrer les faux arguments et apporter un éclairage technique et scientifique[2]. Ainsi, ils participeront à la bonne application du droit de l'environnement afin de ne pas laisser seuls les magistrats, même spécialisés[3], pour défendre leurs dossiers[4]. La spécialisation permettra donc aux magistrats d'opportunément traiter un contentieux environnemental, précisément parce qu'ils seront capables d'identifier leurs interlocuteurs en fonction de leurs besoins dans un dossier. En ce sens, la spécialisation est bénéfique à la

---

[1] Étude d'impact n° JUSX1933222L, *Étude d'impact du Projet de loi relatif au parquet européen et à la justice pénale spécialisée*, *op. cit.*, p. 153.

[2] V. Étude d'impact n° JUSX1933222L, *Étude d'impact du Projet de loi relatif au parquet européen et à la justice pénale spécialisée*, *op. cit.* ; ROBACZEWSKI C., « Le traitement judiciaire des "petites" infractions environnementales », *op. cit.*, p. 20 ; VIVER-DARVIOT M.,[entretien], *op. cit.,* Annexe 4.

[3] En effet, la spécialisation des magistrats n'a pas pour objectifs de convertir les juges en scientifiques.

[4] VIVER-DARVIOT M., [entretien], *op. cit.,* Annexe 4.

communication avec les administrations et par conséquent à l'effectivité du droit de l'environnement.

87. Articulation des politiques pénales et politiques publiques – Selon François Molins, « le ministère public doit être l'interlocuteur privilégié des administrations et des autorités spécialisées »[1]. La communication entre le parquet et les administrations est alors essentielle eu égard à la nécessité d'articuler les politiques pénales et les politiques publiques. En effet, si les orientations de contrôle des administrations ne correspondent pas aux objectifs de la politique pénale des parquets, *de facto* cette politique pénale ne pourra être effective puisque bon nombre d'atteintes passeront sous les radars du ministère public. De plus, au regard du rôle de l'administration dans la gestion des atteintes à l'environnement, notamment de son initiative s'agissant de la mise en place des transactions, il est nécessaire pour l'autorité judiciaire et l'autorité administrative de définir ensemble les réponses pénales souhaitées en fonction des atteintes à l'environnement et de leur intensité. En ce sens, la circulaire de 2015 relative aux orientations de la politique pénale en matière d'atteinte à l'environnement[2] préconise l'usage de protocoles d'accord[3]. C'est dans cette

[1] ROBACZEWSKI C., « Le traitement judiciaire des “petites” infractions environnementales », *op. cit.*

[2] MINISTÈRE DE LA JUSTICE, *Circulaire n° JUSD1509851C du 21 avril 2015 relative aux orientations de politique pénale en matière d'atteintes à l'environnement*, *op. cit.*

[3] ROBACZEWSKI C., « Le traitement judiciaire des “petites” infractions environnementales », *op. cit.*

perspective qu'a d'ailleurs été institué en septembre 2023[1] le COLDEN[2] afin de renforcer cette communication au sein d'un lieu et d'un moment d'échange dédiés entre l'autorité administrative et judiciaire. En définitive, la spécialisation des juridictions favorise cette communication, simplifiant notamment pour les autorités administratives l'identification de leur interlocuteur, mais également pour les juridictions, la compréhension des enjeux afin de définir leur politique en collaboration avec des agents spécialisés.

---

[1] *Décret n° 2023-876 du 13 septembre 2023 relatif à la coordination en matière de politique de l'eau et de la nature et de lutte contre les atteintes environnementales*, Journal officiel, 15 septembre 2023.

[2] Le COLDEN (Comité opérationnel de lutte contre la délinquance environnementale) est un comité qui se réunit tous les ans et qui est co-présidé par un procureur (généralement le référent environnement) et le préfet du département. Il permet un partage d'information entre les services judiciaires et administratifs. Les objectifs sont notamment d'assurer la communication entre les services concernés, déterminer les priorités en matière de lutte contre la délinquance environnementale et coordonner la politique administrative et judiciaire. V. VIVER-DARVIOT M., [entretien], *op. cit.,* Annexe 4 ; CHARTIER I., « Lutte contre la délinquance environnementale : le Colden d'Île-de-France est mis en place », sur *Actu environnement* [en ligne], publié le 14 mai 2024, [consulté le 2 juin 2024] ; *Décret n° 2023-876 du 13 septembre 2023 relatif à la coordination en matière de politique de l'eau et de la nature et de lutte contre les atteintes environnementales*, *op. cit.*

CONCLUSION DE LA PARTIE 1

88. Opportunité de la spécialisation – Finalement, la spécialisation des juridictions semble être le moyen le plus opportun de répondre aux difficultés auxquelles sont confrontées les juridictions de droit commun. En effet, les caractéristiques du contentieux environnemental nécessitent la mobilisation de moyens humains, matériels et procéduraux peu communs qu'il faut maitriser afin d'opportunément les mettre en œuvre. Or, les juridictions spécialisées disposent précisément de moyens humains et matériels renforcés puisque dédiés à un contentieux déterminé et non dilué parmi les autres contentieux, ainsi que de magistrats formés qui connaissent les rouages du contentieux et sont plus à même d'en identifier les enjeux et les acteurs, afin d'être accompagnés et prendre les décisions adéquates.

89. Transition – La spécialisation des juridictions en matière environnementale apparait pertinente et c'est vraisemblablement la raison pour laquelle, le législateur n'a pas attendu nos précédentes constatations afin de doter notre système judiciaire de juridictions spécialisées en matière environnementale. Pourtant, la gestion effective du contentieux environnemental demeure contestée en dépit de cette spécialisation.

PARTIE 2 - LA RÉALISATION DÉLICATE DE LA SPÉCIALISATION DES JURIDICTIONS EN MATIÈRE ENVIRONNEMENTALE

90. Annonce – Spécialiser les juridictions en matière environnementale est une réalité contemporaine depuis l'institution des premières Juridictions du littoral spécialisées (JULIS) en 2001. En effet, les grandes marées noires de la fin du XXe siècle ont fortement marqué les esprits et impulsé la volonté de prendre en compte, dans notre système judiciaire, les atteintes à l'environnement, en commençant donc par la pollution des eaux maritimes[1]. Ce mouvement originel de spécialisation a porté ses fruits puisque le bilan de ces premières juridictions spécialisées en matière environnementale est plus que positif[2]. Dès lors, au regard des difficultés de traitement persistantes dans les différents domaines environnementaux, la tentation de créer de nouvelles juridictions spécialisées en la matière a très vite cédé. Cependant, ce mouvement de spécialisation s'est construit par strates et peut conduire à la sensation d'une accumulation de spécialisations éparses dans différents domaines environnementaux. Une véritable juridiction environnementale demeure donc à construire.

---

[1] LAGIER F., « Le traitement pénal de la pollution des navires », *op. cit.*, p. 30.

[2] LAGOUTTE J., « Le chapitre V de la loi n° 2020-1672 du 24 décembre 2020 (et quelques autres évolutions acquises et à venir du droit pénal de l'environnement) : la justice environnementale relevée ? », *op. cit.*, p. 6 ; MINISTÈRE DE LA TRANSITION ÉCOLOGIQUE ET SOLIDAIRE et MINISTÈRE DE LA JUSTICE, *Une justice pour l'environnement*, *op. cit.*, p. 80.

Ainsi, il convient d'examiner l'état de cette spécialisation afin de voir si elle permet le traitement efficace du contentieux environnemental, et si, la perspective d'une déconstruction de cette spécialisation pour aboutir à une véritable juridiction en matière environnementale apparait pertinente. Dès lors, il s'agira d'étudier la réalisation de la spécialisation eu égard à l'existence d'une spécialisation plurielle par domaines environnementaux (Chapitre 1) et aux perspectives d'une spécialisation unique en matière environnementale (Chapitre 2).

Chapitre 1 - L'existence d'une spécialisation plurielle par domaines environnementaux

91. Annonce – Si la spécialisation est bienvenue, en ce qu'elle témoigne de l'intérêt grandissant que porte notre organisation juridictionnelle aux différents contentieux environnementaux, elle pourrait connaitre une réalisation délicate en cas de superposition des spécialisations. De plus, si la spécialisation présente de nombreux atouts, l'hyperspécialisation pourrait incarner la célèbre expression : « le mieux est le mortel ennemi du bien »[1]. En ce sens, la spécialisation, supposée simplifier le traitement du contentieux environnemental, pourrait conduire à une nouvelle forme de complexité lors de la répartition des contentieux entre les différentes juridictions. Cela implique d'analyser la réalisation de ces juridictions spécialisées en matière environnementale eu égard à la nature de leur spécialisation ainsi qu'à leurs critères de compétence afin de déterminer si cette spécialisation demeure opportune. Dès lors, il s'agira d'étudier cette accumulation de spécialisations multiples (Section 1) et les écueils de l'hyperspécialisation (Section 2).

[1] Expression attribuée à Montesquieu dans *Mes Pensées* publiées en 1899.

Section 1 - Une accumulation de spécialisations multiples

92. Annonce – Divers moyens permettent d'aboutir à la spécialisation des juridictions. En ce sens, on peut distinguer la spécialisation *de jure* et la spécialisation *de facto*[1]. Au regard du caractère pluriel de la spécialisation en matière environnementale, celle-ci peut trouver application selon ces précédentes formes. Or, si la spécialisation apparait opportune, puisqu'elle est supposée éviter la dispersion[2], l'accumulation de spécialisations est à distinguer. La notion d'accumulation présente en effet une dimension péjorative : elle est plus quantitative que qualitative. Il s'agit ainsi de l'action d'amasser en grande quantité et peut en ce sens être synonyme d'entassement[3]. Dès lors, si le cumul de spécialisations pourrait parfaire l'arsenal juridictionnel, l'accumulation pourrait, elle, verser dans l'excès et entrainer de potentielles difficultés. Il s'agira d'étudier les différentes formes de spécialisations environnementales permettant d'observer s'il s'agit d'une accumulation ou simplement du cumul de diverses formes de

---

[1] La spécialisation *de jure* résulte d'un processus normatif ; tandis que la spécialisation *de facto* est le fruit de l'organisation administrative interne de chaque tribunal.

[2] BLÉRY C., La spécialisation des juges dans le domaine environnemental, dans Mathilde Hautereau-Boutonnet et Ève Truilhé (dir.), *Le procès environnemental, Du procès sur l'environnement au procès pour l'environnement, op. cit.*, p. 96.

[3] Académie française, (s. d.), *sub verbo* « Accumulation », dans *Dictionnaire de l'Académie française*, [en ligne], [consulté le 3 juin 2024].

spécialisations qu'elles soient *de jure* (§1) ou *de facto* (§2).

§1. La spécialisation *de jure*

93. Annonce – La spécialisation *de jure* est aisément identifiable puisqu'il s'agit de la spécialisation explicitement prévue par la loi. Elle se rattache à la quatrième forme de spécialisation théorisée par Corinne Bléry, considérant qu'il s'agit de la spécialisation obtenue par une restriction du nombre de juridictions aptes à connaitre de certains litiges particuliers incluant les hypothèses de compétences concurrentes[1]. Dans ce cadre, il est possible d'identifier une spécialisation directe, lorsque le contentieux est directement visé par les textes afin de limiter la compétence d'une juridiction, et indirecte, lorsqu'il ne justifie pas à lui seul la compétence de la juridiction spécialisée. Dès lors, il s'agira d'étudier, dans le cadre de cette spécialisation *de jure* des juridictions en matière environnementale, le cumul ou l'accumulation de spécialisations directes (A) ou indirectes (B).

A. Une spécialisation directe

94. Annonce – La spécialisation directe des juridictions en matière environnementale s'observe eu égard à la compétence matérielle attribuée à ces juridictions, mais également au regard des membres qui

[1] BLÉRY C., La notion de spécialisation, dans Ginestet Catherine (dir.), *La spécialisation des juges*, *op. cit.*, p. 16.

les composent. En ce sens, il s'agira d'étudier la spécialisation directe des juridictions judiciaires *ratione materiae* (1) et *ratione personae* (2).

1. Une spécialisation directe des juridictions judiciaires ratione materiae

95. Spécialisation directe des juridictions pénales – La spécialisation par domaine s'observe très distinctement s'agissant des juridictions pénales spécialisées intervenant en matière environnementale. En effet, on ne compte pas moins de sept juridictions pénales spécialisées, chacune dans des secteurs environnementaux différents. Les JULIS[1] sont spécialisées dans le secteur des infractions maritimes et le TJ de Paris[2] pour celles commises en haute mer ou eaux étrangères. Les PSPE[3] dans les atteintes à l'environnement et à la santé publique, la JIRS[4] et la JUNALCO[5] pour les infractions environnementales commises en bande organisée, les TJ spécialement désignés[6] pour connaitre du contentieux pénal environnemental à l'échelle du département (lorsqu'il existe plusieurs tribunaux judiciaires dans un même département) et enfin les PRE[7] compétents pour un certain nombre de délits environnementaux. Cette

1 CPP, Art. 706-107 et 706-111-1.

2 CPP, Art. 706-108.

3 CPP, Art. 706-2.

4 CPP, Art. 706-73, 706-73-1, 706-74 et 706-75.

5 CPP, Art. 706-73, 706-73-1, 706-74 et 706-75.

6 COJ, Art. L. 211-9-3.

7 CPP, Art. 706-2-3.

spécialisation résulte d'articles du Code de procédure pénale qui prévoient directement que matériellement certains tribunaux correctionnels bénéficient d'une spécialisation eu égard à certaines infractions environnementales. En définitive, le cumul de ces sept juridictions spécialisées créées entre 2001 et 2020[1] nous permet d'identifier une spécialisation quantitative par l'accumulation au fil du temps de juridictions spécialisées *ratione materiae*.

96. Spécialisation directe des juridictions civiles – Du côté des juridictions civiles, on observe également une spécialisation des juridictions par la restriction du nombre de juridictions aptes à connaitre certains litiges environnementaux. En premier lieu, dans le ressort de chaque cour d'appel, un TJ est désigné pour connaitre des actions relatives au préjudice écologique et actions en responsabilité civile prévues par le Code de l'environnement ou régimes spéciaux européens et internationaux[2]. Ces juridictions civiles ont été conçues en « juridiction miroir »[3] des nouveaux PRE pénaux et correspondent exactement aux tribunaux désignés pour ces

---

[1] Les JULIS sont les premières juridictions spécialisées en matière environnementale en 2001 et les PRE sont les dernières juridictions spécialisées instituées en 2020. V. *Loi n° 2001-380 du 3 mai 2001 relative à la répression des rejets polluants des navires*, *op. cit.* ; *Loi n° 2020-1672 du 24 décembre 2020 relative au Parquet européen, à la justice environnementale et à la justice pénale spécialisée*, *op. cit.*

[2] COJ, Art. L. 211-20.

[3] HAERI K., MUNOZ-PONS V., TOUANSSA M., et *al*, « Spécialisation de la justice pénale environnementale : retour sur la loi du 24 décembre 2020 », *op. cit.*

derniers[1]. Cette synchronisation des juridictions civiles et pénales spécialisées permet d'optimiser la gestion du contentieux environnemental grâce aux actions coordonnées qu'elles vont pouvoir plus facilement mener[2]. Ainsi, ce pendant civil complète parfaitement l'arsenal juridictionnel développé au pénal permettant la poursuite effective des atteintes à l'environnement, de la répression à la réparation. En deuxième lieu, le TJ de Paris est également désigné comme matériellement compétent pour les actions relatives au devoir de vigilance du Code de commerce[3] ou s'agissant des actions en responsabilité à la suite d'accident nucléaire survenu sur le territoire de la République française[4] et exceptionnellement pour la responsabilité civile des dommages dus à la pollution par les hydrocarbures[5]. En outre, s'agissant des infractions qui relèvent des JULIS et des PSPE, leur réparation demeure

[1] Les TJ compétents dans le cadre des PRE pénal et civil sont : Agen, Marseille, Amiens, Angers, Basse-Terre, Bastia, Besançon, Bordeaux, Châteauroux, Constances, Cayenne, Annecy, Strasbourg, Dijon, Lille, Fort-de-France, Grenoble, Limoge, Lyon, Metz, Montpellier, Nancy, Nîmes, Nouméa, Tours, Papeete, Paris, Bayonne, La Rochelle, Troyes, Rennes, Clermont-Ferrand, Rouen, Saint-Pierre, Saint-Pierre-et-Michelon, Toulouse, Nanterre. V. *Décret n° 2021-286 du 16 mars 2021 désignant les pôles régionaux spécialisés en matière d'atteintes à l'environnement en application des articles 706-2-3 du code de procédure pénale et L. 211-20 du code de l'organisation judiciaire et portant adaptation du code de procédure pénale à la création d'assistants spécialisés en matière environnementale*, Journal officiel, 17 mars 2021.

[2] MINISTÈRE DE LA JUSTICE, *Circulaire n° CRIM 2021-02/G3-11/05/2021 visant à consolider le rôle de la justice en matière environnementale, op. cit.*, p. 7-8.

[3] COJ, Art. L. 211-21.

[4] C. envir., Art. L. 597-19.

[5] PRIEUR M., BÉTAILLE J., CAMPROUX DUFFRENE M.-P. et *al.*, *Droit de l'environnement*, *op. cit.*, p. 1631.

de la compétence de ces juridictions spécialement désignées[1]. Finalement, la création de juridictions civiles spécialisées se détache de l'accumulation éparse constatée s'agissant des juridictions pénales. En effet, la compétence matérielle de ces juridictions est axée autour de la problématique de la responsabilité civile environnementale et seul le TJ de Paris cumule les casquettes dans des secteurs particuliers. De plus, la symétrie observée entre les juridictions pénales et civiles spécialisées apporte de la cohérence au sein de cette organisation juridictionnelle permettant d'optimiser la gestion du contentieux. La spécialisation des juridictions au contentieux civil environnemental apparait plus qualitative que quantitative.

97. Transition – Il n'y a plus lieu de contester l'existence d'une spécialisation multiple des juridictions en matière environnementale par la restriction du nombre de juridictions aptes à matériellement connaitre de ce contentieux dans des domaines définis. Néanmoins, s'agissant du contentieux pénal environnemental, cette spécialisation prend la forme d'une accumulation de juridictions hyperspécialisées. Or, à cette spécialisation directe des juridictions *ratione materiae* se combine également une spécialisation directe en considération des personnes présentes au sein des juridictions.

---

[1] Il s'agit de Paris et Marseille pour les PSPE et Le Havre, Brest, Bordeaux, Marseille, Cayenne et Saint-Denis de la Réunion pour les JULIS. V. PRIEUR M., BÉTAILLE J., CAMPROUX DUFFRENE M.-P. et *al.*, *Droit de l'environnement*, *op. cit.* ; CPP, D. 47-5 et D. 47-38 ; *Décret n° 2002-196 du 11 février 2002 relatif aux juridictions compétentes en matière de pollution des eaux de mer par rejets des navires*, Journal officiel, 16 février 2002, p. 3046.

2. *Une spécialisation directe des juridictions judiciaires ratione personae*

98. Les assistants spécialisés – La loi peut attribuer à certaines juridictions le bénéfice d'assistants spécialisés afin d'accompagner les magistrats dans le traitement technique des dossiers environnementaux. C'est le cas des PRE[1] et des PSPE[2]. En revanche, les JULIS ne bénéficient pas de ces assistants. Or, leur présence permet véritablement d'épauler le magistrat, qui, même spécialisé, peut requérir l'expertise d'un technicien. En effet, les assistants spécialisés doivent notamment justifier d'un diplôme national sanctionnant une formation supérieure ou égale à quatre années d'études supérieures dans les domaines de la santé humaine ou animale, les recherches biomédicales, les produits dangereux pour l'environnement ou encore la réglementation relative aux espaces naturels, aux sites inscrits et classés, aux espèces de faune et de flore protégées ou réglementées[3]. Il s'agit en ce sens de véritables experts internes à la juridiction permettant de considérer que ces juridictions sont directement spécialisées *ratione personae*. En effet, les assistants spécialisés sont habituellement des fonctionnaires en détachement de leur ministère d'origine (souvent ministère de l'Agriculture ou de l'Environnement) et exercent cette mission à temps plein à l'intérieur de la juridiction. C'est ce qui les distingue de l'expert judiciaire, dont la collaboration n'est pas

1 CPP, Art. 706-2 -3.

2 CPP, Art. 706-2.

3 CPP, Art. D. 47-6.

permanente[1] et permet de considérer qu'il s'agit d'un véritable élément participant à la spécialisation *ratione personae* de la juridiction.

99. Cumul ou accumulation de spécialisation – Cette spécialisation *ratione personae* présente au sein des PRE et PSPE se cumule avec la spécialisation *ratione materiae* précédemment observée. Elle ne semble toutefois pas superflue puisqu'elle présente une véritable valeur ajoutée dans la gestion des dossiers environnementaux qui nécessitent une expertise scientifique que ne peuvent combler à eux seuls les magistrats nonobstant leur éventuelle formation. Il y a une véritable complémentarité utile au sein de ces juridictions pour plus d'efficacité et surtout de qualité de traitement. Le développement de ces assistants spécialisés voire plus généralement leur mise à disposition au profit de la Justice[2] est d'ailleurs recommandée par les derniers rapports[3].

100. Transition – Dès lors, qu'il s'agisse d'une spécialisation *ratione materiae* ou *ratione personae* c'est toujours la coloration environnementale qui permet l'identification des juridictions spécialisées. Toutefois, une

---

[1] LE CHATELIER B., « Le rôle de l'assistant spécialisé en matière environnementale », *RJA*, 2021, p. 45 ; 46.

[2] AGOGUET D., ATZENHOFFER D. et DELBOS V., « Justice pour l'environnement : une justice pour prévenir le monde d'après », *op. cit.*, p. 10.

[3] MINISTÈRE DE LA TRANSITION ÉCOLOGIQUE ET SOLIDAIRE et MINISTÈRE DE LA JUSTICE, *Une justice pour l'environnement*, *op. cit.*, p. 78 ; PARQUET GÉNÉRAL, Molins François (dir.), *Le traitement pénal du contentieux de l'environnement*, *op. cit.*

spécialisation indirecte est également identifiable, puisque certaines juridictions spécialisées ne sont accessibles au contentieux environnemental qu'à la condition qu'un critère distinct de la nature environnementale soit identifié.

B. Une spécialisation indirecte

101. La complexité critère de spécialisation indirecte – Si Edgard Morin considère que « la complexité est un mot-problème et non un mot-solution »[1], c'est pourtant pour ce terme que le législateur a opté comme critère de compétence pour certaines juridictions spécialisées. Or, la complexité semble ainsi enfermer toutes les incertitudes, nous permettant de considérer, s'agissant de la spécialisation des juridictions en matière environnementale, qu'il s'agit tout à la fois d'un critère cumulatif (1) et accessoire de spécialisation (2).

1. La complexité, critère cumulatif de spécialisation

102. Complexité et simplification – « Le compliqué, le complexe, la complexité, la complexification appellent une seule antithèse : la

---

[1] LE GOFF J., Introduction, dans Doat Mathieu, Le Goff Jacques et Pédrot Phillippe (dir.), *Droit et complexité, Pour une nouvelle intelligence du droit vivant*, Presses Universitaires de Rennes, 2007, p. 13.

simplification »[1]. En ce sens, il n'est pas étonnant que le législateur ait opté pour le critère de la complexité afin de déterminer le champ de compétence des juridictions spécialisées. En effet, puisqu'elles peuvent simplifier le traitement d'un contentieux, il est opportun pour ces juridictions de tourner leur compétence vers les contentieux qui appellent le plus à un besoin de simplification : les contentieux complexes. C'est sans doute la raison pour laquelle le législateur a souhaité combiner les précédents critères de spécialisation avec celui de la complexité. En ce sens, se cache derrière le critère de la complexité une forme de rationalisation de la spécialisation.

103. Complexité et complexification – Le critère de la complexité, voire de la très grande complexité est un critère cumulatif de spécialisation puisque les précédentes juridictions spécialisées l'intègrent dans leurs critères de compétence, aux côtés de la nature environnementale du contentieux visé. Par exemple, les PSPE sont compétents pour les atteintes à l'environnement et à la santé publique qui sont ou apparaitraient d'une grande complexité[2] ; les PRE pour les atteintes à l'environnement dans les affaires qui sont ou apparaitraient complexes[3] ; les JIRS pour certaines atteintes à l'environnement commises en bande organisée dans les affaires qui sont ou apparaitraient d'une grande complexité et la JUNALCO pour celles qui sont ou

[1] DARCY G., Elaborer la règle dans un système complexe, dans Doat Mathieu, Le Goff Jacques et Pédrot Phillippe (dir.), *Droit et complexité, Pour une nouvelle intelligence du droit vivant*, Presses Universitaires de Rennes, 2007, p. 15.

[2] CPP, Art. 706-2.

[3] CPP, Art. 706-2-3.

apparaitraient d'une très grande complexité[1]. À ce titre, il s'agit de l'un des critères déterminant la compétence matérielle des juridictions spécialisées en matière environnementale. On remarque que les formules diffèrent : il y aurait une différence entre « le complexe », la « grande complexité » voire la « très grande complexité ». De ce fait, ce critère, supposé conduire à la simplification du traitement de certains contentieux, pourrait en lui-même être source d'une nouvelle forme de complexité s'agissant de la répartition des contentieux, leur articulation et l'identification de la juridiction compétente[2]. En outre, force est de constater que parmi les juridictions spécialisées en matière environnementale, seules les juridictions pénales se sont dotées de ce critère. En ce sens, ce sont encore elles qui semblent accumuler les critères et secteurs de spécialisations permettant de qualifier les juridictions pénales environnementales de juridictions hyperspécialisées.

104. Transition – Alors qu'il peut à première vue apparaitre difficile d'envisager un critère à la fois cumulatif et accessoire (parce qu'antinomique), la réalité du contentieux environnemental pourrait rendre superflu le critère de la complexité, le rendant *de facto* accessoire.

2. La complexité, critère accessoire de spécialisation

105. Le « simple », étranger du contentieux environnemental – On peut s'interroger sur l'existence de

---

[1] CPP, Art. 706-75.

[2] V. *Infra*, Partie 2, Chapitre 1, Section 2, §2, n° 124 s.

contentieux « simples » en matière environnementale[1]. En effet, au regard des critères inhérents à la matière environnementale son contentieux ne semble plus avoir à démontrer de sa complexité. À ce titre, un auteur relève que, s'il faut entendre ce qui est complexe comme « "[ce] qui contient plusieurs parties ou plusieurs éléments combinés d'une manière qui n'est pas immédiatement claire pour l'esprit", alors le droit de l'environnement est confronté particulièrement, presque de manière privilégiée, à la complexité » ; il ajoute que « le droit de l'environnement est en effet assujetti à une imbrication, une intrication de complexités »[2]. Dès lors, le critère de la complexité apparaitrait à ce titre surabondant et accessoire au seul et véritable critère de spécialisation : la nature environnementale, intrinsèquement complexe, des contentieux visés. Or, si le critère est accessoire, on peut considérer qu'il ne se cumule plus, mais s'accumule aux précédents critères.

106. La non pertinence de la complexité – Au surplus, on peut relever que s'agissant des JULIS, le critère de la complexité n'a pas été retenu. Or, la réputation de ces juridictions n'est plus à faire puisqu'elles font l'unanimité eu égard à leur efficacité[3]. Dès lors, on peut véritablement s'interroger sur la pertinence du critère de la complexité puisque l'une des juridictions les plus

---

[1] BOUCHERIFI T., *Le traitement des atteintes à l'environnement par la justice pénale*, *op. cit.*, p. 70.

[2] LABROT V., Droit et complexité, Regard sur le droit de l'environnement, dans Doat Mathieu, Le Goff Jacques et Pédrot Phillippe (dir.), *Droit et complexité, Pour une nouvelle intelligence du droit vivant*, Presses Universitaires de Rennes, 2007, p. 17.

[3] LAGOUTTE J., *Environnement* (Fasc.), *op. cit.*, p. 16.

opérationnelles dans le traitement du contentieux environnemental exclut précisément ce critère. Peut-être que, l'accumulation de critères de spécialisation, à l'instar de l'accumulation de juridictions spécialisées, confirmerait la formule subtilement modifiée du « trop [...] ennemie du bien »[1].

107. Transition – Aux côtés de ces spécialisations légales des juridictions — qu'elles soient directes ou indirectes, eu égard aux critères de compétence matérielle ou à la composition personnelle de ces juridictions — s'ajoute une spécialisation administrative, plus informelle, au travers d'une organisation interne des tribunaux.

§2. La spécialisation *de facto*

108. Annonce – La spécialisation *de facto* (ou informelle) est plus difficile à percevoir puisqu'elle résulte de l'organisation interne des tribunaux ; organisation qui ne fait pas nécessairement l'objet d'une publicité. Il est possible de la rattacher à la troisième forme de spécialisation théorisée par Corinne Bléry considérant qu'il s'agit de la spécialisation qui résulte de la création de chambres, fonctions ou sections spécialisées au sein de la juridiction[2]. C'est ainsi une organisation administrative spéciale au sein des juridictions de droit commun. Cette

---

[1] LAGOUTTE J., « Le chapitre V de la loi n° 2020-1672 du 24 décembre 2020 (et quelques autres évolutions acquises et à venir du droit pénal de l'environnement) : la justice environnementale relevée ? », *op. cit.*, p. 8.

[2] BLÉRY C., La notion de spécialisation, dans Ginestet Catherine (dir.), *La spécialisation des juges*, *op. cit.*

architecture interne de la juridiction s'observe tant au siège qu'au sein des parquets locaux et semble se cumuler avec les précédentes formes de spécialisation. Dès lors, il s'agira d'étudier, dans le cadre de cette spécialisation *de facto*, l'accumulation de spécialisations eu égard à l'organisation interne des parquets locaux (A) et à l'organisation interne du siège (B).

A. L'organisation interne des parquets locaux

109. Le découpage administratif interne du parquet – Pour une meilleure administration de la justice, les parquets s'organisent en différentes divisions et sections afin de distribuer le contentieux et en optimiser sa gestion. En ce sens, l'organigramme diffusé par le parquet près du TJ de Paris[1] nous permet d'identifier une répartition du contentieux entre six divisions, elles-mêmes subdivisées en deux ou trois sections supplémentaires. Parmi elles, la section S2 de la quatrième division, relative au pôle spécialisé, présente une spécialisation environnementale. Il s'agit de la section « Pôle social, consommation et environnement » qui se tient au côté de la section relative au « Pôle santé publique et accident collectif ». Cette structure apparait en concordance directe avec la spécialisation *de jure* du tribunal judiciaire de Paris, identifiée comme un PSPE au sens de l'article D. 47-5 du Code de procédure pénale. Toutefois, cette section n'étant pas nominativement identifiée comme une section PSPE, il nous est permis de penser qu'elle bénéficie à l'ensemble des atteintes à l'environnement

[1] Annexe 3 : Organigramme parquet du TJ de Paris.

relevant de la compétence du parquet de Paris. Ainsi, cette spécialisation administrative interne du parquet se combine et s'additionne aux spécialisations légales précédemment étudiées. À ce titre, les magistrats affiliés à cette section sont probablement ceux qui interviennent dans le cadre du contentieux environnemental du quotidien, mais également de celui qui relève de la compétence des PSPE et des PRE[1] parisiens ainsi que pour les pollutions commises en haute mer ou eaux étrangères pour lesquelles le TJ de Paris est désigné compétent. On peut faire la même observation s'agissant du parquet du TJ de Bordeaux. En effet, l'organigramme[2] nous permet d'identifier une « division 3 » dédiée à l'action publique économique et financière qui se divise en deux pôles : le « Pole JIRS » et le « Pôle économique et financier, Juridiction régionale environnementale et Contentieux techniques »[3]. De nouveau la dénomination du pôle semble se rattacher à une juridiction spécialisée : ici le PRE. Toutefois, du fait de l'absence de spécialisation informelle supplémentaire au sein du parquet du TJ de Bordeaux, il est probable que le contentieux des JULIS

---

[1] Paris dispose d'un PRE et PSPE. V. CPP, Art., D. 47-5-1 et D. 47-5.

[2] Annexe 2 : Organigramme parquet du TJ de Bordeaux (Janvier 2024).

[3] D'aucuns relèvent d'ailleurs que « généralement dans les parquets de taille moyenne, le contentieux de l'environnement est attaché aux contentieux dits complexes tels que les infractions économiques et financières » notant que « la délinquance environnementale est avant tout une délinquance lucrative et l'ont prend cela en considération lorsque l'on choisit le montant de l'amende ». Ajoutons à cela la possible transversalité du contentieux environnemental avec la matière. V. FERRAND M., Écologi(sm)e et politique pénale des autorités judiciaires, dans Lagoutte Julien (dir.), *Écologisme et droit pénal* [en ligne], Lexbase Pénal, 2023, p. 54-55.

relève également de l'effectif de ce pôle tout comme les autres contentieux relatifs aux atteintes à l'environnement. Cette conclusion signifierait qu'*in fine*, même lorsqu'elles ne relèvent pas à proprement parler de juridictions spécialisées, les contentieux environnementaux sont traités par les mêmes magistrats que ceux des juridictions spécialisées. Et, en ce sens, l'absence de spécialisation générale en matière environnementale se retrouverait en quelque sorte comblée par l'organisation administrative interne des parquets et du siège. Toutefois, l'absurdité de cette conclusion est qu'*in fine*, si ce sont les mêmes magistrats qui sont compétents au sein des multiples juridictions spécialisées présentes dans un même ressort (par exemple à Bordeaux JULIS et PRE), la multiplication des juridictions spécialisées perdrait de son sens et de son utilité. Cela plaiderait alors finalement en faveur de la réunion de l'ensemble des juridictions spécialisées en une seule et même juridiction pour mettre fin à une accumulation superfétatoire.

110. La désignation de magistrats référents en droit de l'environnement – « Toutes les juridictions, quelle que soit leur taille, doivent désigner un magistrat référent en matière environnementale »[1]. En effet, les circulaires du 23 mai 2005 et du 21 avril 2015 préconisaient déjà la désignation au sein de tous les parquets de ces magistrats « référents environnement ». Aujourd'hui, on les retrouve dans les parquets PRE ainsi que dans certains parquets généraux. Cependant, eu égard

---

1 BENEZECH F., « Approche globale de la délinquance environnementale : le rôle des procureurs de la République », *op. cit.*, p. 22.

au dernier rapport rendu par la Cour de cassation en 2023, il semble que l'ensemble des petites et moyennes juridictions ne se soit pas encore doté d'un magistrat référent environnement puisqu'il s'agit précisément de l'une des recommandations du rapport du parquet général rendu en 2023[1]. En tout état de cause, outre la présence d'assistants spécialisés dans certaines juridictions spécialisées, la spécialisation *ratione personae* s'observe également par la création de cette fonction de magistrats référents en droit de l'environnement dans les parquets. Toutefois, il ne s'agit pas d'un membre supplémentaire, mais d'une spécialisation à moyen constant. C'est simplement l'attribution d'une spécialisation à un magistrat de la juridiction par l'ordonnance de roulement[2]. Son rôle n'en est pas moins important puisqu'il s'inscrit comme un véritable acteur de la coordination des parquets et de leur politique pénale et devient l'interlocuteur des administrations spécialisées s'agissant du contentieux environnemental[3]. Il permet également, à l'audience, d'éclairer les magistrats non spécialisés du siège sur le contentieux en question. Cependant, le contentieux environnemental ne représente que 15% voire 25% de son

---

[1] PARQUET GÉNÉRAL, Molins François (dir.), *Le traitement pénal du contentieux de l'environnement*, *op. cit.*, p. 47.

[2] PARQUET GÉNÉRAL, Molins François (dir.), *Le traitement pénal du contentieux de l'environnement*, *op. cit.*, p. 48.

[3] Notons que lors de la réunion du COLDEN les procureurs de la République sont recommandés de veiller à assurer la représentation de chacun des parquets, notamment à travers la présence des magistrats référents environnement. V. MINISTÈRE DE LA JUSTICE, *Circulaire n° 2023/F/0061/FF3BIS de politique pénale en matière de justice pénale environnementale*, p. 6.

temps de travail[1], ce qui implique que les magistrats référents environnement « restent globalement des généralistes »[2]. De nouveau, cette spécialisation se cumule donc aux côtés des autres formes de spécialisation. Toutefois, plus qu'une accumulation, il s'agira de parler de cumul puisque le rôle d'interlocuteur privilégié que revêt le magistrat référent environnement apparait opportun en complément de la spécialisation autonome des juridictions.

111. Transition – Néanmoins, la spécialisation informelle des juridictions n'est pas le privilège des parquets. En effet, on l'observe également s'agissant de l'organisation interne du siège.

B. L'organisation interne du siège

112. La thématisation de la répartition des dossiers – Si la spécialisation informelle n'est pas un privilège du parquet, elle semble moins systématique au siège. De plus, cette thématisation de la répartition des dossiers est plus courante dans les ressorts élargis ; ressorts au sein desquels il est possible d'envisager une thématisation des audiences eu égard à la volumétrie des contentieux[3]. Il s'agit du constat effectivement fait par le

---

[1] BARONE S., « L'environnement en correctionnelle. Une sociologie du travail judiciaire », *op. cit.*

[2] BARONE S., « L'impunité environnementale. L'État entre gestion différentielle des illégalismes et désinvestissement global », *op. cit.*

[3] *Ibid.*

dernier rapport de la Cour de cassation en matière environnementale[1].

113. L'organisation interne du siège pénal – Au TJ de Bordeaux, cette organisation administrative interne du siège pénal eu égard au traitement des atteintes à l'environnement s'observe au sein de son organigramme[2] avec le « Pôle pénal et du service correctionnel et de police » qui spécialise sa quatrième chambre en matière environnementale. Il s'agit du « Pôle environnement en matière pénale ». Ainsi, il n'est plus fait référence dans cette appellation à la dimension régionale du contentieux. Dès lors, s'agissant de cette spécialisation administrative, son association et sa limitation au PRE ne sont pas à interroger. Il semble donc que les magistrats du siège rattachés à cette chambre bénéficient d'une spécialisation informelle, sans ambiguïté, pour l'ensemble des affaires environnementales. En outre, on note de nouveau le rapprochement du contentieux environnemental avec le contentieux correctionnel économique et financier qui partage la même chambre et favorise ainsi la mutualisation opportune des compétences. Cette spécialisation ne semble donc pas s'accumuler, mais au contraire opportunément organiser le traitement effectif du contentieux au sein de la juridiction.

---

[1] Le rapport indique que « l'institution de chambres spécialisées est, en pratique, difficile à mettre en œuvre dans les petites et moyennes juridictions, dans lesquelles le contentieux risque de ne pas être suffisant ». V. PARQUET GÉNÉRAL, Molins François (dir.), *Le traitement pénal du contentieux de l'environnement*, *op. cit.*

[2] Annexe 1 : Organigramme du siège du TJ de Bordeaux (Janvier 2024).

114. L'organisation interne du siège civil – S'agissant du siège au « Pôle civil » c'est la sixième chambre qui se charge de traiter le contentieux environnemental[1]. Cette chambre est associée à la réparation du préjudice corporel. Cette proximité dans la répartition informelle des contentieux n'est pas étonnante au regard des difficultés corrélatives que peuvent rencontrer les magistrats afin de traiter de la réparation de ces préjudices. En effet, le préjudice corporel et le préjudice écologique nécessitent une analyse technique, l'usage de nomenclatures et confrontent les juges aux problématiques relatives à la consolidation du préjudice. En ce sens, il n'est pas incohérent de lier ces contentieux. Aussi, cette sixième chambre est associée à la CIVI ; une juridiction *sui generis* à mi-chemin entre une juridiction pénale et une juridiction civile[2]. Or, la réparation du préjudice environnemental fait généralement suite à une infraction pénale ; en ce sens, il peut sembler opportun de rapprocher les magistrats traitant de ces contentieux eu égard à cette transversalité matérielle. Toutefois, cette spécialisation informelle est peu lisible puisque l'ambiguïté de sa dénomination — « 6e chambre et CIVI (réparation du préjudice corporel et pôle environnement en matière civile » — ne délimite pas clairement sa

[1] *Ibid.*

[2] La CIVI (commission d'indemnisation des victimes d'infractions) est une juridiction civile crée en 1977 et organisée par le Code de procédure pénale aux articles 706-3 et suivants. En effet, l'article 706-4 dispose que « Cette commission a le caractère d'une juridiction civile qui se prononce en premier ressort ». Cette constatation démontre toute l'ambiguïté de la nature de cette juridiction. En ce sens, elle s'inscrit comme une juridiction hybride. En effet, elle a vocation à appliquer du droit pénal ainsi que les principes de la responsabilité civile.

compétence en matière environnementale. Il semble donc y avoir une accumulation et un enchevêtrement de plusieurs formes de spécialisation. Néanmoins, la juridiction de Bordeaux n'est pas la seule à s'être dotée d'une chambre civile spécialisée dans la réparation des atteintes à l'environnement. Et, si on s'intéresse à l'organisation interne d'autres tribunaux, ce constat ne doit pas être péremptoire. Par exemple, le 15 janvier 2024, à l'occasion de la rentrée solennelle, Jacques Boulard, premier président de la Cour d'appel de Paris, a annoncé la création d'une chambre spécialisée en matière environnementale — la chambre 5-12 — pour la responsabilité sociale des entreprises et le préjudice écologique[1]. Cette chambre a vocation à connaitre uniquement du contentieux civil relevant des PRE et apparait en ce sens plus lisible. Finalement, il semble que la spécialisation informelle trouve une application plus intelligible au sein des grands pôles judiciaires (tel le TJ de Paris) et qu'à mesure où les juridictions deviennent petites, l'addition et l'enchevêtrement des spécialisations rendent davantage impertinent ce cumul de spécialisations. Sur ce point, Jacques Boulard considère d'ailleurs que « cette spécialisation n'a [...] de sens que si les juridictions disposent de ressources humaines en nombre suffisant »[2].

---

[1] MANDARD S., « À la cour d'appel de Paris, une nouvelle chambre pour mieux traiter les contentieux environnementaux liés aux grandes entreprises » [en ligne], *Le Monde*, 5 mars 2024, [consulté le 5 mars 2024] ; BOULARD J., *Discours du premier président, Audience solennelle de rentrée* [discours], 15 janvier 2024, p. 8.

[2] BOULARD J., *Discours du premier président, Audience solennelle de rentrée* [discours], 15 janvier 2024, p. 9.

115. Transition – On constate la multiplication des spécialisations, *de jure*, *de facto*, directe, indirecte, *ratione materiae*, *ratione personae*, au siège, au parquet, au civil et au pénal. Or, si la spécialisation du contentieux environnemental au civil semble idéalement s'imbriquer avec les spécialisations pénales et si la concordance de ces spécialisations légales et administratives semble relativement optimisée, le bilan diffère s'agissant des spécialisations pénales. En effet, ces dernières apparaissent hyperspécialisées dans des secteurs environnementaux ; les juridictions se multiplient et aboutissent ainsi à une spécialisation plus quantitative que qualitative.

Section 2 - Les écueils de l'hyperspécialisation

116. Annonce – Le contentieux environnemental apparait être hyperspécialisé en ce que les différentes formes de spécialisation se sont construites dans divers secteurs du droit de l'environnement ; tantôt les pollutions maritimes, tantôt le contentieux environnemental lié à la santé publique, tantôt la criminalité et délinquance organisées environnementales. Il y a ainsi une complexité de l'organisation juridictionnelle par l'accumulation d'hyperspécialisations des juridictions — qu'il s'agisse des juridictions civiles, pénales ou de spécialisations légales et administratives. Pourtant, alors que la spécialisation est supposée simplifier le traitement d'un contentieux complexe, cette accumulation de spécialisations pourrait avoir comme effet boomerang de le complexifier. En ce sens, Mathilde Hautereau-

Boutonnet et Ève Truilhé relèvent que « si le modèle de la spécialisation environnementale s'avère séduisant, il semble aussi que, lorsqu'il s'agit de juger, l'hyperspécialisation peut être un défaut »[1]. Dès lors, il s'agira d'étudier les écueils de l'hyperspécialisation eu égard aux risques d'enchevêtrement des compétences juridictionnelles (§1) et aux contentieux incidents (§2).

§1. L'enchevêtrement des compétences juridictionnelles

117. Annonce – La compétence peut se définir comme « l'aptitude d'une juridiction à exercer son pouvoir de juger de préférence à une autre »[2]. Ses règles ont pour but d'œuvrer pour la bonne administration de la justice afin d'éviter les conflits de compétence et permettre une répartition optimisée du contentieux. Pourtant, cette aptitude et préférence supposée optimiser le traitement judiciaire peut être problématique en cas de multiplication des critères de compétence au sein d'une même matière si ces critères ne s'articulent pas correctement, *a fortiori* en cas de spécialisations plurielles. Dès lors, il s'agit d'étudier au regard de cet écueil des contentieux hyperspécialisés l'accumulation de juridictions sans compétence générale (A) et la superposition des critères de compétence (B).

---

1 TRUILHÉ E. et HAUTEREAU-BOUTONNET M., *Le procès environnemental, Du procès sur l'environnement au procès pour l'environnement*, *op. cit.*, p. 209.

2 LEBORGNE F., « Compétence », dans Cadiet Loïc (dir.), *Dictionnaire de la Justice*, PUF, 2004, p. 176.

A. L'accumulation de juridictions sans compétence générale

118. Le champ d'application matériel – En premier lieu, c'est la matière qui détermine la répartition des contentieux. Il s'agit d'un critère objectif de répartition qui, s'il est bien défini, permet d'aboutir à une organisation juridictionnelle lisible. Toutefois, il semble que le contentieux environnemental ait horreur de la simplicité puisque, parmi les juridictions spécialisées, aucune ne dispose d'une compétence générale afin de traiter l'ensemble des atteintes à l'environnement. En effet, par exemple, les JULIS, sont compétentes pour les délits en matière de pollution des eaux marines et des voies ouvertes à la navigation maritime lorsqu'ils sont commis dans la zone économique exclusive ou dans la zone de protection écologique, les eaux territoriales, les eaux intérieures et les voies navigables[1]. Cependant, le TJ de Paris est compétent pour ces mêmes infractions lorsqu'elles sont commises en haute mer ou dans les eaux étrangères[2]. Ainsi, se dessine déjà un enchevêtrement de compétences nouées de principes, d'exceptions et d'accumulations de compétences qui s'entrecoupent. Seuls les PRE offrent le sentiment d'un semblant de compétence générale, bien qu'un certain nombre d'infractions lui

[1] CPP, Art. 706-107.

[2] CPP, Art. 706-108.

échappent toujours[1]. En ce sens, certains auteurs considèrent que la spécialisation ne va pas assez loin puisque l'organisation judiciaire ne possède pas une juridiction qui embrasserait l'intégralité du contentieux environnemental[2] afin d'éviter l'actuel morcellement du contentieux.

119. Le critère de la complexité – En second lieu, la complexité des infractions visées détermine également la répartition du contentieux. Ce critère se cumule avec le précédent critère matériel objectif de répartition et participe à l'absence de compétence générale. En effet, s'agissant par exemple des PRE — dont la compétence environnementale apparait matériellement être la plus élargie — ils ne sont compétents que « dans les affaires qui sont ou apparaitraient complexes »[3]. En ce sens, il semble que les infractions visées échappent à la compétence des PRE lorsqu'elles ne sont pas considérées comme complexes. Cette constatation relativise ainsi drastiquement le semblant de compétence générale qui aurait été attribué au PRE. De plus, le critère de la complexité est présent dans la majorité des juridictions spécialisées en matière environnementale. C'est le cas

---

[1] Échappent notamment à sa compétence les contraventions environnementales ; mais également les délits relevant des JULIS et des JIRS et un certain nombre d'infractions du Code pénal, Code de l'énergie ou Code des transport. V. LAGOUTTE J., *Environnement* (Fasc.), *op. cit.*, p. 17 ; PRIEUR M., BÉTAILLE J., CAMPROUX DUFFRENE M.-P. et *al.*, *Droit de l'environnement, op. cit.*, p. 1610.

[2] PRIEUR M., BÉTAILLE J., CAMPROUX DUFFRENE M.-P. et *al.*, *Droit de l'environnement, op. cit.*, p. 1611.

[3] CPP, Art. 706-2-3 ; MINISTÈRE DE LA JUSTICE, *Circulaire n° CRIM 2021-02/G3-11/05/2021 visant à consolider le rôle de la justice en matière environnementale, op. cit.*, p. 5.

notamment des PSPE[1], des JIRS ou encore de la JUNALCO[2]. Ce cumul du critère de la complexité participe à l'absence de juridiction à compétence générale et ainsi à l'accumulation de juridictions hyperspécialisées aux compétences enchevêtrées.

120. Transition – Il apparait ainsi que les compétences respectives des juridictions sont difficiles à définir. Or, à cette accumulation de juridictions sans compétence générale, s'ajoute une superposition des critères de compétence — concurrente ou exclusive — qui, à son tour, ne participe pas à la simplification de la gestion du contentieux environnemental.

B. La superposition des critères de compétence

121. Principe de compétence concurrente – Bartin considérait qu' « une correspondance s'établit entre "une certaine catégorie de litige et un certain ordre de juridiction, une correspondance suffisante pour justifier la compétence exclusive et invariable de celle-ci à l'égard de ceux-là" »[3]. Or cette analyse, s'agissant de la répartition des contentieux civils et pénaux, n'est pas transposable à la répartition des contentieux spécialisés au sein de l'ordre judiciaire, pour lesquels le législateur semble avoir opté en faveur d'un principe de compétence concurrente — entendue comme un partage de compétence non

---

[1] CPP, Art. 706-2.

[2] CPP, Art. 706-75.

[3] LEBORGNE F., « Compétence », dans Cadiet Loïc (dir.), *Dictionnaire de la Justice*, *op. cit.*, p. 177.

officiellement tranché et en partie résolu par la diplomatie intrajudiciaire. Ainsi s'agissant des juridictions pénales spécialisées en matière environnementale, les hypothèses de compétences concurrentes sont majoritaires. En effet, parmi les sept juridictions pénales spécialisées, quatre disposent de compétences concurrentes : les PSPE[1], les JIRS, la JUNALCO[2] et le PRE[3]. En ce sens, le procureur de la République, le juge d'instruction et la formation correctionnelle de ces tribunaux spécialisés entrent en concours lorsque leurs critères matériels de répartition des compétences se recoupent ; concurrence qui s'observe également avec les juridictions de droit commun[4]. Dans ce dernier cas, ce sont souvent les critères de la « grande complexité », du « complexe », voire de la « très grande complexité » qui permettent de préférer la compétence de l'une aux autres et d'arbitrer la répartition des contentieux. Cependant, la subjectivité de la notion de complexité ne peut bénéficier à une répartition claire.

---

[1] CPP, Art. 707-2.

[2] CPP, Art. 706-75.

[3] CPP, Art. 706-2-3.

[4] Les juridictions de droit commun ne sont pas exclues du traitement des atteintes à l'environnement. Elles conservent « leur compétence pour connaître des affaires de moindre complexité en matière pénale, ainsi, qu'en matière civile, de toutes les actions non spécifiquement prévues par l'article L. 211-20 précité mais qui peuvent concerner l'environnement (troubles anormaux du voisinage, atteintes au droit de propriété, responsabilité civile délictuelle...) ». V. ROBACZEWSKI C., « Le traitement judiciaire des "petites" infractions environnementales », *op. cit.*, p. 18 ; PARQUET GÉNÉRAL, Molins François (dir.), *Le traitement pénal du contentieux de l'environnement*, *op. cit.*, p. 44.

122. L'exception de la compétence exclusive ou de l'absence de concurrence – Néanmoins, il n'y a pas de règles sans exceptions. Ainsi, des hypothèses de compétences exclusives peuvent également organiser la répartition des contentieux. S'agissant des juridictions pénales, les JULIS[1], le TJ de Paris[2] et les TJ spécialement désignés[3] sont compétents à titre exclusif dans les secteurs qui leur sont matériellement attribués. Du côté des juridictions civiles, les PRE civils[4] et le TJ de Paris en matière nucléaire et devoir de vigilance[5] disposent également de cette exclusivité. Or, lorsque les juridictions bénéficient de compétence non concurrente, l'articulation des compétences est supposée plus aisée. Toutefois, force est de constater que les cas de compétence exclusive des juridictions environnementales, sauf en matière civile, sont minoritaires. De plus, s'ajoute aux hypothèses de compétence exclusive le cas particulier de « l'absence de concurrence juridictionnelle » ; forme de compétence exclusive *sui generis* ou *de facto.* C'est par exemple le cas des PRE qui excluent de leur compétence les infractions relevant des JIRS et des JULIS[6]. En ce sens, ces dernières bénéficient d'une compétence exclusive, mais uniquement eu égard aux PRE. Les JIRS conservent en effet une

---

[1] « Leur spécialisation environnementale est expresse et exclusive ». V. PRIEUR M., BÉTAILLE J., CAMPROUX DUFFRENE M.-P. et *al., Droit de l'environnement, op. cit.*, p. 1610 ; CPP, Art. 706-107.

[2] V. PRIEUR M., BÉTAILLE J., CAMPROUX DUFFRENE M.-P. et *al., Droit de l'environnement, op. cit.*, p. 1609 ; CPP, Art. 706-108.

[3] COJ, Art. L. 211-9-3.

[4] V. COJ, Art. L. 211-20 ; PRIEUR M., BÉTAILLE J., CAMPROUX DUFFRENE M.-P. et *al., Droit de l'environnement, op. cit.*, p. 1630.

[5] COJ, Art. L. 211-21 ; C. envir., Art. L. 597-19.

[6] CPP, Art., 706-2-3.

compétence concurrente, notamment avec les juridictions de droit commun. Ainsi, alors même que l'articulation des compétences est supposée simplifiée, la réalité est complexe et favorise l'illisibilité de l'organisation juridictionnelle. Dans ce contexte « un chat n'y retrouverait pas ses petits » !

123. Transition – Un auteur souligne que s'accumulent les problématiques relatives à « primo, l'articulation des chefs de compétence des juridictions de droit commun entre elles ; secundo, l'articulation de chefs de compétence des juridictions de droit commun avec ceux des juridictions spécialisées ; tertio, l'articulation des chefs de compétence des juridictions spécialisées entre elles »[1]. La mixité des compétences rend ainsi difficile l'articulation des compétences, *a fortiori* dans un contexte de multiplication de juridictions hyperspécialisées. En effet, elles cumulent et accumulent des critères participant à un enchevêtrement de leurs compétences. Dans ce contexte, le vice de l'hyperspécialisation apparait être la complexification de la répartition des litiges qui peut nuire au traitement effectif du contentieux. Ce dernier devra ainsi faire face au risque de création d'un contentieux incident.

§2. La création d'un contentieux incident

124. Annonce – L'accumulation de juridictions environnementales spécialisées sans compétence générale qui s'enchevêtrent eu égard à leurs chefs de compétence

---

[1] LAGOUTTE J., *Environnement* (Fasc.), *op. cit.*, p. 22.

(secteurs environnementaux et complexité du litige) et aux critères de répartition du contentieux (concurrente ou exclusive) expose ce dernier à un risque de création de contentieux incident. En effet, il est nécessaire de jongler avec tous ces éléments et l'hyperspécialisation pourrait nous conduire à perdre la main dans la gestion efficace du contentieux environnemental. Il s'agit d'étudier ce risque eu égard à la difficile identification de la juridiction compétente (A) et aux conflits de compétences qui peuvent en découler (B).

A. La difficile identification de la juridiction compétente

125. Perversion de l'objectif poursuivi par la multiplication des juridictions spécialisées – Le rapport sur *Le traitement pénal du contentieux de l'environnement* soulève que « [la] complexité [de l'organisation judiciaire] entrave tant le bon accès du citoyen au juge que l'identification par les administrations et les services d'enquêtes de leurs interlocuteurs dans la juridiction »[1]. En ce sens, la spécialisation supposée faciliter ces rapports se retrouve pervertie par l'hyperspécialisation qui entraine l'extrême opposé. En effet, alors que la spécialisation devait permettre la simplification de la coordination des parquets et de la communication avec les administrations, la multiplication des juridictions et leur accumulation les rendent plus difficilement identifiables, *a fortiori* eu égard à l'enchevêtrement de leurs critères de compétences

[1] PARQUET GÉNÉRAL, Molins François (dir.), *Le traitement pénal du contentieux de l'environnement*, *op. cit.*

juridictionnels. Dès lors, en l'absence de compétence générale, ces juridictions spécialisées dans différents domaines s'entremêlent eu égard notamment au critère de la complexité et aux hypothèses de compétences concurrentes. En outre, elles officient également autour de quatre types de ressort juridictionnel distincts ce qui ne facilite pas l'identification de la juridiction[1]. Par exemple, l'articulation des PRE et PSPE peut présenter des difficultés puisqu'ils disposent d'une compétence matérielle concurrente s'agissant des délits du Code de l'environnement et délits en matière de produits phytopharmaceutiques et végétaux du Code rural et de la pêche maritime. Dès lors, les affaires relatives à la gestion irrégulière des déchets, l'utilisation illicite de produits phytopharmaceutiques et des pollutions industrielles peuvent relever de ces deux juridictions[2]. C'est donc le critère de la « grande complexité »[3] qui devra les départager afin de permettre l'identification de la juridiction compétente. Néanmoins, la subjectivité de ce dernier critère pourrait *in fine* nous éloigner de la résolution de ce problème.

126. Critère de la complexité et multiplication des juridictions spécialisées – C'est le critère de la

[1] Le TJ de Paris dispose par exemple d'une compétence nationale, les JIRS, JULIS et PSPE une compétence interrégionale, les PRE une compétence régionale et les TJ spécialement désignés une compétence départementale. V. LAGOUTTE J., « Le chapitre V de la loi n° 2020-1672 du 24 décembre 2020 (et quelques autres évolutions acquises et à venir du droit pénal de l'environnement) : la justice environnementale relevée ? », *op. cit.*, p. 8.

[2] MINISTÈRE DE LA JUSTICE, *Circulaire n° CRIM 2021-02/ G3-11/05/2021*, p. 6-7.

[3] CPP, Art. 706-2.

complexité qui concentre probablement les obstacles principaux à l'identification de la juridiction compétente. En effet, parmi tous les critères de répartition du contentieux, la notion de complexité, par sa subjectivité, centralise toutes les difficultés. En premier lieu, intrinsèquement, la complexité participe davantage que les chefs de compétence matérielle, à l'enchevêtrement des compétences, et donc au manque de lisibilité de l'organisation juridictionnelle. En effet, ce critère se superpose à la nature environnementale du contentieux et constitue le nœud sur lequel peut se fonder un arbitrage s'agissant de sa répartition entre les différentes juridictions spécialisées. En second lieu, il rend plus difficile l'identification de la juridiction compétente et présente donc un risque élevé de contentieux incident. La complexité est en effet délicate à apprécier, *a fortiori* lorsqu'il faut distinguer « le complexe » de la « grande complexité » voire de la « très grande complexité ». Par exemple, un auteur soulève la problématique des « petites » infractions environnementales considérant que leurs frontières au sein de l'organisation juridictionnelle sont incertaines. Il indique que les « petites infractions complexes » relèveraient du PRE, mais lui échapperaient lorsqu'elles sont « très petites » ou « petites, mais non complexes » relevant alors des tribunaux de droit commun[1]. Cet exemple illustre les difficultés dans l'identification de la juridiction compétente eu égard au critère additionnel de la complexité.

---

[1] ROBACZEWSKI C., « Le traitement judiciaire des "petites" infractions environnementales », *op. cit.*, p. 14.

127. Transition – Ces difficultés à identifier la juridiction compétente et l'enchevêtrement de ces juridictions vont de concert avec le risque de conflit de compétence entendu comme la contestation relative à la compétence d'une juridiction[1] — qu'il s'agisse d'une contestation des parties ou des juridictions elles-mêmes.

B. Les conflits de compétence

128. Priorité des parquets spécialisés – Depuis la loi de 2020 relative au Parquet européen, à la justice environnementale et à la justice pénale spécialisée, le nouvel article 43-1 du Code de procédure pénale prévoit que les parquets spécialisés à la compétence concurrente bénéficient d'une forme de droit de préemption sur les autres parquets dans le traitement du contentieux qui leur est spécifiquement attribué. Cette priorité accordée aux parquets spécialisés permet un dessaisissement sans délai des autres juridictions au profit de la juridiction spécialisée, sans qu'il ne soit nécessaire de recourir à la diplomatie intrajudiciaire. Néanmoins, elle est effective tant que l'action publique n'a pas été mise en mouvement ce qui n'exclue donc pas définitivement les risques de conflits de compétence. De plus, elle ne concerne que les magistrats du parquet et laisse ainsi de côté le règlement des conflits de compétence du siège. En outre, cette solution ne permet pas de régler efficacement les conflits de compétence ; conflits favorisés par l'organisation juridictionnelle complexe. En effet, l'enchevêtrement des compétences et les difficultés d'articulations en raison des

---

[1] CORNU G., *Vocabulaire juridique*, *op. cit.*, p. 233.

nombreuses hypothèses de compétences concurrentes n'excluent pas des conflits de compétences positifs et négatifs[1]. À ce titre, le contentieux environnemental pourrait s'inspirer des solutions reçues par son homologue, le contentieux économique et financier, qui en cas de conflit de compétences, le soumet aux procureurs généraux et en dernier recours à la direction des affaires civiles et des grâces[2]. S'agissant du contentieux environnemental, ces conflits pourraient opportunément être arbitrés par les magistrats référents environnement.

129. Procédure de dessaisissement du siège – Seuls les PSPE, PRE et JULIS prévoient le règlement d'un conflit de compétences eu égard aux juridictions d'instruction par la mise en place d'une procédure de dessaisissement. S'agissant des PSPE et PRE, ce règlement est organisé par renvoi aux dispositions relatives à la JIRS économique et financière tandis que les JULIS bénéficient directement de ce mécanisme[3]. Il permet au procureur de la République de la juridiction non spécialisée (pour les infractions entrant dans son champ de

---

[1] Positifs lorsque plusieurs juridictions revendiquent leur compétence pour une même affaire ; négatifs dans l'hypothèse où aucune juridiction ne se considère compétente. V. ROBACZEWSKI C., « Le traitement judiciaire des "petites" infractions environnementales », *op. cit.*, p. 19.

[2] MINISTÈRE DE LA JUSTICE, *Circulaire n° JUSD1423119C relative à la lutte contre la criminalité complexe et la grande délinquance économique et financière – consolidation de l'action des juridictions interrégionales spécialisées*, 30 septembre 2014, p. 10.

[3] S'agissant des PRE et PSPE, les articles 706-2 et 706-2-3 du Code de procédure pénale renvoient aux modalités prévues aux articles 704-2 et 704-3 du Code de procédure pénale. S'agissant des JULIS c'est l'article 706-110 du Code de procédure pénale qui organise ce règlement de compétence.

compétence) de requérir le dessaisissement du juge d'instruction au profit de la juridiction d'instruction du tribunal judiciaire à compétence territoriale étendue (c'est-à-dire au profit de la juridiction spécialisée). Cependant, contrairement à son homologue du parquet (l'article 43-1 du Code de procédure pénale) ce mécanisme est facultatif et s'exerce en pure opportunité par le ministère public. Il ne permet donc pas à la juridiction spécialisée d'imposer sa compétence et son traitement privilégié des dossiers environnementaux. De plus, cette procédure de dessaisissement implique un acte juridictionnel qui ouvre des voies de recours et la possibilité de formuler des observations. Or, les délais imposés par l'usage de cette procédure ne sont pas compatibles avec l'objectif de célérité nécessaire au traitement effectif des atteintes à l'environnement et pourraient en ce sens décourager les parquets d'agir. En effet, l'Étude d'impact de la loi du 24 décembre 2020 relève que les conflits de compétences freinent le traitement du contentieux alors qu'il est parfois nécessaire pour limiter les atteintes irréversibles à l'environnement de les réparer le plus rapidement possible[1].

130. Caractère complexe et compétence concurrente des juridictions hyperspécialisées : source de conflits de compétences – Le critère subjectif de la complexité participe davantage à l'enchevêtrement des compétences puisqu'il se superpose au critère de répartition matérielle. Il ne participe donc pas à la

---

[1] S'agissant des conflits de compétences, c'est en effet ce que révèle l'Étude d'impact de la loi du 24 décembre 2020. V. Étude d'impact n° JUSX1933222L, *Étude d'impact du Projet de loi relatif au parquet européen et à la justice pénale spécialisée*, *op. cit.*, p. 112.

simplification de la gestion du contentieux environnemental dans un contexte de compétence concurrente. Plutôt, il participe à « l'égalité de position des juridictions concernées »[1] et augmente le risque de conflits de compétences eu égard à la difficulté d'identifier la juridiction compétente. Dans ce contexte la solution apportée par l'article 43-1 du Code de procédure pénale ne sera plus d'aucun secours. De plus, un auteur nous interroge : « qui pourra distinguer scientifiquement — et donc prévoir ou critiquer les décisions qui seront prises à ce sujet — entre complexité, grande complexité et très grande complexité »[2] ? En effet, on peut considérer que les exceptions d'incompétence fondées sur le critère de la complexité échappent dans la pratique aux parties[3]. D'aucuns relèvent que « l'incompétence de la juridiction saisie de l'affaire est sans doute impossible à contester utilement par une voie de droit »[4]. C'est d'ailleurs ce qu'a affirmé la Cour de cassation, s'agissant du contentieux économique et financier, considérant que « les parties ne sont pas admises à contester la mise en oeuvre, au regard de la complexité de l'affaire, des règles de compétence des

---

[1] Expression attribuée au Professeur André Giudicelli. V. ROBACZEWSKI C., « Le traitement judiciaire des "petites" infractions environnementales », *op. cit.* ; BOUCHERIFI T., *Le traitement des atteintes à l'environnement par la justice pénale*, *op. cit.*, p. 64.

[2] LAGOUTTE J., « Le chapitre V de la loi n° 2020-1672 du 24 décembre 2020 (et quelques autres évolutions acquises et à venir du droit pénal de l'environnement) : la justice environnementale relevée ? », *op. cit.*

[3] ROBACZEWSKI C., « Le traitement judiciaire des "petites" infractions environnementales », *op. cit.*

[4] LAGOUTTE J., *Environnement* (Fasc.), *op. cit.*, p. 23.

juridictions spécialisées »[1]. Cette solution pourrait ainsi trouver application par analogie s'agissant du contentieux environnemental. En ce sens, il considère que ces critères seront irrémédiablement soumis à l'appréciation souveraine des juges du fond[2].

131. Situation québécoise et risque de stratégies dilatoires – Alors que les Québécois disposent de seulement deux juridictions spécialisées en matière environnementale, elles seraient noyées sous un contentieux parasite relatif à la contestation de la compétence des juridictions : stratégie de défense utilisée, presque systématiquement, par les avocats des grandes entreprises[3]. Or, il ne faudrait pas que notre pluralité de juridictions spécialisées, sujette aux conflits de compétences, aboutisse *in fine* à un tel constat. C'est peut être la raison pour laquelle la Cour de cassation en 2001 rejette les contestations fondées sur le critère de la complexité. En effet, il n'est pas souhaitable que la prise en compte des atteintes à l'environnement par la création de juridictions spécialisées ouvre une nouvelle brèche permettant aux grandes entreprises d'échapper à leurs responsabilités par l'usage de stratégies dilatoires — alors qu'elles sont peut-être celles qui menacent l'environnement à la plus grande échelle.

---

[1] Cass., Crim., 26 juin 2001, n° 00-86.526.

[2] LAGOUTTE J., « Le chapitre V de la loi n° 2020-1672 du 24 décembre 2020 (et quelques autres évolutions acquises et à venir du droit pénal de l'environnement) : la justice environnementale relevée ? », *op. cit.*

[3] Analyse de la Professeure Paule Halley. V. BOUCHERIFI T., *Le traitement des atteintes à l'environnement par la justice pénale*, *op. cit.*, p. 65-66.

132. Transition – Finalement, si les écueils de l'hyperspécialisation ne sont pas insurmontables, ils n'apparaissent pas compatibles avec l'objectif poursuivi par la spécialisation. En effet, l'enchevêtrement des compétences et le contentieux incident peuvent ralentir la justice, en limiter l'accès et en complexifier les rapports. En ce sens, il faut distinguer la création d'une juridiction environnementale et la spécialisation des juges dans le domaine de l'environnement[1] ou des juridictions dans des secteurs environnementaux. Peut-être faudrait-il alors, pour échapper aux écueils d'une spécialisation multiple, déconstruire ce modèle de spécialisation afin de tendre vers une spécialisation unique qui bénéficierait des avantages de la spécialisation sans partager les difficultés de l'hyperspécialisation ?

[1] BLÉRY C., La spécialisation des juges dans le domaine environnemental, dans Mathilde Hautereau-Boutonnet et Ève Truilhé (dir.), *Le procès environnemental, Du procès sur l'environnement au procès pour l'environnement*, *op. cit.*, p. 96.

Chapitre 2 - La perspective d'une spécialisation unique en matière environnementale

133. Annonce – Le bilan de la spécialisation des juridictions en matière environnementale apparait en demi-teinte. En effet, si elle poursuit l'objectif louable d'offrir aux contentieux complexes un traitement plus effectif, les résultats obtenus en matière environnementale apparaissent loin d'être satisfaisants. Nonobstant cette spécialisation, les alternatives aux poursuites, relaxes, abandons et mesures de réparation à faible coût demeurent nombreux. À l'exception des JULIS, la spécialisation ne semble donc pas répondre à ses promesses. Mais, plus que la spécialisation, le coupable de cette mésaventure pourrait finalement être l'hyperspécialisation des juridictions en matière environnementale ainsi que leur multiplication qui apporte plus de complexité à un contentieux *ab initio* complexe. L'hyperspécialisation devient ainsi pour la spécialisation ce que le trop est au bien. En ce sens, il apparait pertinent de s'interroger sur la perspective d'une spécialisation unique en matière environnementale ; perspective qui imposerait de remodeler l'actuelle organisation juridictionnelle pour la simplifier afin que la spécialisation retrouve ses bénéfices et son équilibre. Sur ce point, les avis divergent : certains considérant qu'il faut maintenir les spécialisations existantes[1] et d'autres considérant qu'il est nécessaire de tendre vers une

---

[1] MINISTÈRE DE LA TRANSITION ÉCOLOGIQUE ET SOLIDAIRE et MINISTÈRE DE LA JUSTICE, *Une justice pour l'environnement*, *op. cit.*, p. 79-80.

de l'organisation juridictionnelle ne peut avoir lieu qu'à la condition que cette juridiction à compétence générale se substitue aux actuelles juridictions spécialisées. En effet, seule la suppression des multiples juridictions spécialisées permettrait de remédier à l'actuel enchevêtrement des compétences. Sur ce point, la question divise[1]. En outre, on pourrait opposer à cette compétence générale l'inconvénient de la non-prise en compte des spécificités locales dans la spécialisation des juridictions. En effet, lorsqu'on envisage la désignation de juridictions spécialisées en matière de pollution maritime, celles-ci sont situées sur le littoral dans des juridictions côtières tels Le Havre, Brest, Bordeaux, Marseille, Cayenne et Saint-Denis de la Réunion[2]. En ce sens, la carte de la spécialisation des juridictions dans les domaines environnementaux s'est faite en fonction des besoins du territoire. Mais, si la création d'une juridiction à compétence générale ne peut théoriquement les prendre en

---

[1] Le rapport *Une justice pour l'environnement* de 2019 considère que la création d'une juridiction pour l'environnement ne doit pas empêcher de maintenir les juridictions spécialisées qui traitent déjà de certaines questions d'environnement. Sur ce point le dernier rapport *Le traitement pénal du contentieux de l'environnement* considère que la compétence des JIRS doit être maintenue parce que les réseaux criminels structurés restent sa spécificité, *idem* pour les PSPE qui bénéficient du concours d'assistants spécialisés. Ce dernier s'interroge tout de même sur l'opportunité du maintien des JULIS alors que le rapport de 2019 louait les mérites de ces juridictions et n'envisageait pas à ce titre leur suppression. V. MINISTÈRE DE LA TRANSITION ÉCOLOGIQUE ET SOLIDAIRE et MINISTÈRE DE LA JUSTICE, *Une justice pour l'environnement*, *op. cit.* ; PARQUET GÉNÉRAL, Molins François (dir.), *Le traitement pénal du contentieux de l'environnement*, *op. cit.*, p. 46.

[2] *Décret n° 2002-196 du 11 février 2002 relatif aux juridictions compétentes en matière de pollution des eaux de mer par rejets des navires, op. cit.*

compte, elle le fera *de facto*. En effet, les magistrats mobilisés dans ces juridictions pourraient bénéficier de formations axées sur les enjeux de leurs ressorts, et ils se spécialiseront également sur le terrain au travers des différentes affaires qu'ils seront amenés à connaitre. En ce sens, la spécialisation générale n'est pas incompatible avec la prise en compte des enjeux locaux.

137. L'hypothèse des conflits « à cheval »[1] – Le contentieux environnemental a la faculté de converger avec d'autres domaines du droit, notamment le contentieux économique et financier, le domaine de la santé ou encore la criminalité et délinquance organisées. Or, pour une affaire de trafic d'animaux, commis en bande organisée, dont les bénéfices sont blanchis au moyen de montages financiers, il a lieu de s'interroger sur la compétence à privilégier. Faut-il morceler le contentieux entre les différentes juridictions compétentes ou au contraire centraliser le traitement de l'affaire ? Dans ce cas, la nouvelle juridiction environnementale à compétence générale pourra-t-elle bénéficier d'une plénitude de juridiction sur ces contentieux connexes ? De la même manière, les affaires qui font suite aux grands accidents industriels causant des atteintes graves aux écosystèmes et à la santé publique doivent-elles être morcelées entre cette hypothétique juridiction environnementale et les éventuels pôles traitant des contentieux de la santé publique ? À cet égard, il semblerait cohérent de privilégier la compétence de la

[1] TRUILHÉ E. et HAUTEREAU-BOUTONNET M., *Le procès environnemental, Du procès sur l'environnement au procès pour l'environnement*, *op. cit.*, p. 212.

juridiction environnementale lorsque l'atteinte à l'environnement apparait au cœur du contentieux. Toutefois, ce constat peut paraitre utopique ou peu opportun en terme de gestion du contentieux. En effet, les magistrats de la juridiction environnementale pourraient être désorientés face à des montages économiques complexes ou des données cliniques. En ce sens, comment arbitrer la répartition de ces contentieux ? Sur ce point, plutôt que d'envisager une fragmentation du contentieux, la piste de la coordination et de la communication des services de ces différentes juridictions apparait interessante à explorer. On peut imaginer la mise en relation de ces juridictions sur les contentieux transversaux afin d'optimiser leur gestion sans en éclater le traitement. Pour cela, il faudra envisager une organisation cohérente, favorisant la communication et coordination, par l'institution de cette juridiction spécialisée à proximité géographique des JIRS spécialisées dans les contentieux de la délinquance financière et de la criminalité et délinquance organisées ; voire également des PSPE en cas de maintien de cette forme de spécialisation.

138. Le bonus d'une sensibilisation combinée à la spécialisation – Une sensibilisation de l'ensemble des magistrats du territoire aux problématiques environnementales est également à envisager. En effet, elle permettrait aux juges de droit commun d'efficacement traiter les litiges dont l'atteinte environnementale est secondaire et de mieux identifier ceux qui nécessitent un renvoi vers la juridiction spécialisée. Cette approche anticiperait ainsi les besoins juridictionnels vis-à-vis de la future volumétrie des contentieux environnementaux, contentieux du quotidien de demain et permettrait aux magistrats de conserver le bagage généraliste essentiel au traitement efficace des contentieux transversaux[1]. En outre, certaines affaires devront être écartées de la compétence de la juridiction spécialisée puisque l'étendue du droit de l'environnement implique, en dépit d'une compétence générale, une définition restrictive du contentieux environnemental, afin de déterminer précisément la compétence de cette juridiction. Ainsi, ce vernis environnemental accordé à l'ensemble des magistrats corrélé à la création de cette juridiction unique à compétence générale permettrait d'optimiser au plus haut point la spécialisation en matière environnementale ainsi que la gestion de ce contentieux.

139. Transition – La création d'une juridiction spécialisée en matière environnementale à compétence générale apparait opportune puisqu'elle simplifie l'organisation juridictionnelle tout en garantissant une coordination avec les juridictions voisines s'agissant des contentieux transversaux. À cet effet, la création d'une juridiction unique à compétence générale pour le contentieux environnemental devrait se substituer aux juridictions existantes pour ne pas s'y accumuler et ajouter un nouveau degré de complexité. Notons que le rapport de la Cour de cassation est plus péremptoire puisqu'il considère qu' « [une compétence générale] ne semble pas souhaitable au regard des difficultés d'interprétation que pourraient poser la notion d'atteinte à l'environnement et

---

[1] TRUILHÉ E. et HAUTEREAU-BOUTONNET M., *Le procès environnemental, Du procès sur l'environnement au procès pour l'environnement, op. cit.*, p. 221.

de l'insécurité juridique qui en résulterait »[1]. Il faudrait ainsi consacrer une définition permettant précisément d'encadrer ce que l'on entend par « contentieux environnemental ». En outre, certains auteurs vont plus loin, et considèrent qu'au-delà d'une compétence générale cette nouvelle juridiction devrait remettre en cause les dualismes institutionnels.

B. L'opportunité du dépassement des dualismes traditionnels

140. Annonce – Le contentieux environnemental bouleverse les dualismes traditionnels puisqu'il mobilise tant le droit pénal et civil que le droit administratif. En conséquence, certains auteurs ont envisagé la création de juridictions transcendant ces oppositions, imaginant une juridiction à la compétence civile et pénale, voire judiciaire et administrative. Dès lors, il s'agira d'étudier dans la perspective d'une spécialisation unique l'aspiration d'une juridiction dépassant les ordres (1) et l'ambition d'une juridiction transcendant les matières civiles et pénales (2).

1. L'aspiration d'une juridiction dépassant les ordres

141. Droit comparé et utopie – La distinction des ordres judiciaire et administratif est plus fréquente dans les pays de tradition Romano-germanique que chez nos

---

[1] PARQUET GÉNÉRAL, Molins François (dir.), *Le traitement pénal du contentieux de l'environnement*, *op. cit.*

voisins de *Common Law*[1]. C'est certainement la raison pour laquelle on observe au Kenya ou en Nouvelle-Zélande des juridictions environnementales uniques à la compétence judiciaire et administrative[2]. À l'instar de ces juridictions, pourquoi ne pas envisager cette fusion des ordres administratif et judiciaire autour d'un sujet fédérateur comme l'environnement ? C'est la question posée par Didier Guével en 2019 qui, s'il admet la dimension utopique de cette proposition, considère que « ce seraient pourtant là, peut-être, les prémices d'une saine, complète et utile, remise en cause de nos découpages institutionnels, de moins en moins en phase avec la réalité »[3]. Néanmoins, il ne faut pas oublier l'importance de ce dualisme qui a façonné le paysage juridictionnel et la structure du droit français[4]. Ainsi, c'est l'ensemble de notre système qu'il faudrait refaçonner après la création d'une telle juridiction eu égard notamment à la problématique relative à la Cour suprême compétente. En ce sens, peut-être ne faut-il pas être trop opportuniste en bouleversant démesurément l'équilibre de nos Codes.

---

[1] TRUCHET D., « Dualisme juridictionnel », dans Cadiet Loïc (dir.), *Dictionnaire de la Justice*, *op. cit.*, p. 377.

[2] Il s'agit au Kenya de la « Cour environnementale et foncière » et en Nouvelle-Zélande de la « Cour environnementale aux compétences administratives, civiles et pénales ». V. TRUILHÉ E. et HAUTEREAU-BOUTONNET M., *Le procès environnemental, Du procès sur l'environnement au procès pour l'environnement*, *op. cit.*, p. 203.

[3] GUÉVEL D., « Vers la création de juridictions environnementales ? », *op. cit.*

[4] TRUCHET D., « Dualisme juridictionnel », dans Cadiet Loïc (dir.), *Dictionnaire de la Justice*, *op. cit.*

142. « Le jeu n'en vaut pas la chandelle » – Si certains auteurs ont l'ambition de proposer un bouleversement de l'actuel dualisme, ils sont minoritaires dans la doctrine et il est probable que le coût dépasse les bénéfices[1]. En effet, le contentieux des juridictions administratives est d'une nature très différente de celui que l'on retrouve devant les juridictions judiciaires. Devant le juge civil et le juge pénal, il s'agira de contentieux de responsabilité civile et de responsabilité pénale, là où le juge administratif sera généralement amené à connaitre des recours pour excès de pouvoir contre des autorisations à polluer ou à exploiter des usines. Dès lors, l'engagement de la responsabilité de l'État sur le fond de la responsabilité civile apparait être le seul point d'attache entre le contentieux administratif environnemental et le contentieux judiciaire environnemental. Ce rapprochement s'illustre dans « l'Affaire du Siècle »[2] lorsque le tribunal administratif applique à l'État — personne morale de droit public — le régime de responsabilité civile fondé sur l'article 1246 du

---

[1] Didier Guével propose ce bouleversement en droit de l'environnement par analogie à ce qui a été proposé en matière fiscale par Thierry Lambert ; mais, la fin du dualisme est également évoquée en dehors de toute matière spécifique par certains auteurs. V. GUÉVEL Didier, « Vers la création de juridictions environnementales ? », *op. cit.* ; TRUCHET D., « Dualisme juridictionnel », dans Cadiet Loïc (dir.), *Dictionnaire de la Justice*, *op. cit.*

[2] TA de Paris, 3 fév. 2021, *L'affaire du siècle*, n° 1904967, 1904968, 1904972, 1904976/4-1.

Code civil[1]. Néanmoins, si la transversalité du contentieux environnemental justifie la formation des magistrats aux règles de droit public de l'environnement (et réciproquement pour les juges administratifs et le droit judiciaire), la marginalité de cette conjoncture ne semble pas appeler à la refonte de notre système judiciaire[2]. Sur ce point, d'aucuns considèrent que « vouloir faire table rase du passé peut se révéler être une belle utopie sans lendemain »[3].

143. Transition – C'est donc du côté de la dualité qui oppose le droit civil au droit pénal qu'il y a lieu de véritablement envisager un bouleversement des dichotomies.

---

[1] Sur ce point Baptiste Delmas relève également que l'arrêt *Blanco* en 1873 n'impose pas au juge administratif d'appliquer des dispositions du Code civil. V. DELMAS B., L'apport du droit de la responsabilité civile au droit de l'environnement, dans Lagoutte Julien (dir.), *L'apport du droit privé à la protection de l'environnement*, *op. cit.*, p. 187 ; T. Confl., 8 fév. 1873, *Blanco*, n° 00012.

[2] Par ailleurs, cette transversalité n'est pas propre au droit de l'environnement et trouve application plus généralement dans le contentieux de la responsabilité. D'aucuns relèvent une harmonisation des jurisprudences sur les régimes de responsabilité : « le juge civil n'hésite pas parfois à emprunter au droit administratif et réciproquement ». V. GUETTIER C., Disparition, maintien ou réformation de la dualité de juridiction ? [en ligne], dans *Vers de nouvelles normes en droit de la responsabilité publique*, Sénat, 2001, [consulté le 13 juin 2024].

[3] GUETTIER C., Disparition, maintien ou réformation de la dualité de juridiction ? [en ligne], dans *Vers de nouvelles normes en droit de la responsabilité publique*, *op. cit.*

2. L'ambition d'une juridiction transcendant les matières civiles et pénales

144. Des mots aux actes – L'idée d'un rassemblement du contentieux environnemental au sein d'une juridiction unique n'est pas nouvelle puisqu'auteurs[1] et rapports en ont déjà fait la recommandation. En 2019, la mission d'évaluation *Une justice pour l'environnement* proposait déjà, sur le modèle du juge des enfants, une juridiction spécialisée à la double casquette, pour examiner et trancher les litiges environnementaux et dont l'intérêt supérieur à protéger serait celui de l'environnement et de la biodiversité[2]. C'est également la proposition dite « ambitieuse » proposée par le parquet en 2023, considérant que « l'organisation judiciaire actuelle ne va pas assez loin dans la spécialisation [et qu'il est nécessaire de prendre] des mesures fortes pour renforcer la lisibilité et l'efficacité de l'organisation judiciaire »[3] ; mesures fortes qui pourraient être la création d'une juridiction à la compétence civile et pénale. Elle permettrait une simplification de l'organisation interjuridictionnelle, la concentration des moyens matériels et budgétaires, favoriserait la collaboration des gens de justice et enquêteurs rompus à ce contentieux et oeuvrerait ainsi pour une protection plus efficace de

---

[1] LAGOUTTE J., *Environnement* (Fasc.), *op. cit.*

[2] Recommandation 18. V. MINISTÈRE DE LA TRANSITION ÉCOLOGIQUE ET SOLIDAIRE et MINISTÈRE DE LA JUSTICE, *Une justice pour l'environnement*, *op. cit.*, p. 83-85.

[3] PARQUET GÉNÉRAL, Molins François (dir.), *Le traitement pénal du contentieux de l'environnement*, *op. cit.*, p. 44-45.

l'environnement[1]. Au demeurant, la création des PRE pénaux et civils semble s'inscrire dans ce dynamisme. Dès lors, il apparaitrait opportun de pousser plus loin leur complémentarité dans la perspective d'une juridiction à la compétence générale. Il s'agirait alors de « la réponse la plus aboutie au besoin de spécialisation »[2].

145. Transition – La création d'une juridiction pénale et civile apparait plus réaliste, et plus opportune que celle qui transcenderait les ordres administratifs et judiciaires. En effet, au regard de l'organisation interjuridictionnelle, elle permettrait de matériellement simplifier et optimiser le traitement des dossiers environnementaux. Mais, la perspective d'une spécialisation unique en la matière, pour neutraliser les écueils de l'actuelle hyperspécialisation, doit également s'envisager eu égard à sa compétence *ratione loci.*

§2. Une juridiction spécialisée en matière environnementale *ratione loci*

146. Annonce – L'accumulation de spécialisations a conduit à l'enchevêtrement des juridictions eu égard notamment aux différents ressorts auxquels elles répondent et au critère de la compétence concurrente, qui, dans un contexte de juridictions multiples, se marie mal

---

1 LAGOUTTE J., « Le chapitre V de la loi n° 2020-1672 du 24 décembre 2020 (et quelques autres évolutions acquises et à venir du droit pénal de l'environnement) : la justice environnementale relevée ? », *op. cit.*, p. 9.

2 PARQUET GÉNÉRAL, Molins François (dir.), *Le traitement pénal du contentieux de l'environnement*, *op. cit.*, p. 45.

avec la simplification de l'organisation interjuridictionnelle. Dès lors, dans la perspective de la création d'une spécialisation unique en matière environnementale, il convient de définir le champ d'application *ratione loci* de ces juridictions et le critère de compétence retenu. À ce titre, nous envisagerons le choix d'un maillage interrégional (A) et contre toute attente au regard des derniers constats[1], celui d'une compétence concurrente (B).

A. Le maillage interrégional

147. Le choix de l'interrégionalité – Juridiction à compétence nationale, maillage interrégional, régional ou départemental, sont des pistes qui ont été étudiées pour la création de juridictions spécialisées en matière environnementale. Envisagée par nos voisins européens tels l'Espagne, la Suède, le Royaume-Uni, mais également outre atlantique au Brésil, en Argentine ou encore aux USA[2], l'opportunité de la création d'un parquet national a été étudiée pour les affaires de grande complexité. Il permettrait notamment l'institution d'un interlocuteur privilégié dans le cadre de litiges d'envergure

---

[1] V. *Supra*, Partie 2, Chapitre 1, Section 2, §1, B, n° 121.

[2] Il s'agit en Espagne du Parquet national pour l'environnement et l'urbanisme, en Suède de l'Unité nationale du parquet pour l'environnement, au Royaume-Uni de l'Agence pour l'environnement, au Brésil du Ministère public fédéral pour l'environnement et le patrimoine culturel, en Argentine du Parquet national dédié et aux USA de l'*Environmental Protection Agency*. V. TRUILHÉ E. et HAUTEREAU-BOUTONNET M., *Le procès environnemental, Du procès sur l'environnement au procès pour l'environnement*, *op. cit.*, p. 212.

internationale. Aussi, l'hypothèse d'un maillage régional a été discutée et a abouti à la création des actuels PRE[1]. Cette implantation régionale permet d'adapter la compétence *de facto*[2] de la juridiction spécialisée aux enjeux environnementaux locaux. Sur ce point, certains préconisent plutôt le maillage départemental considérant de surcroît que « la majorité des acteurs de la politique environnementale [interviennent] à cette échelle »[3]. Pourtant, c'est bien vers le maillage interrégional que nous avons choisi de nous tourner dans la perspective de cette spécialisation unique, considérant que c'est le plus à même de répondre opportunément aux besoins du contentieux environnemental[4].

148. Un maillage interrégional favorisant l'accessibilité – Dans son étude de la spécialisation des juridictions, Corinne Bléry relève comme inconvénients de la spécialisation, la difficulté du choix de la bonne juridiction et l'éloignement géographique de la justice et de ses justiciables. Ces constatations trouvent très justement application s'agissant de l'actuelle spécialisation des juridictions en matière

---

[1] TRUILHÉ E. et HAUTEREAU-BOUTONNET M., *Le procès environnemental, Du procès sur l'environnement au procès pour l'environnement, op. cit.*, p. 211.

[2] Par la pratique du contentieux par les magistrats présents dans la juridiction.

[3] LAGOUTTE J., *Environnement* (Fasc.), *op. cit.*, p. 26.

[4] Corinne Bléry, en l'opposant à la juridiction unique pour l'ensemble du territoire, considère que le « maillage territorial comme pour les JIRS » est plus adapté. V. BLÉRY C., La spécialisation des juges dans le domaine environnemental, dans Mathilde Hautereau-Boutonnet et Ève Truilhé (dir.), *Le procès environnemental, Du procès sur l'environnement au procès pour l'environnement*, *op. cit.*, p. 100.

environnementale eu égard à « l'embrouillamini »[1] constaté. Dès lors, dans la perspective d'une spécialisation unique, il est nécessaire de prendre en compte ces écueils. Sur ce point, le maillage interrégional semble satisfaire toutes les exigences, puisque par la spécialisation unique, l'identification de la juridiction se trouvera simplifiée et le risque d'erreur d'aiguillage et de conflit de compétence sera diminué. Aussi, la juridiction est suffisamment proche des territoires pour ne pas décourager les victimes tout en tenant compte de la potentielle ampleur géographique des contentieux environnementaux[2].

149. Un maillage interrégional favorisant une hyperspécialisation locale – La prise en compte des « "territoires judiciaires" et de leurs problématiques environnementales »[3] fait partie des priorités dans l'optique d'une spécialisation et *a fortiori* dans la

[1] BLÉRY C., La spécialisation des juges dans le domaine environnemental, dans Mathilde Hautereau-Boutonnet et Ève Truilhé (dir.), *Le procès environnemental, Du procès sur l'environnement au procès pour l'environnement, op. cit.*

[2] Sur ce point Corinne Bléry développe les inconvénients de l'éloignement de la justice du justiciable et la modification des comportements procéduraux qu'il entraine tel l'abandon des poursuites. En ce sens elle considère qu' « un maillage insuffisant de juridictions porte préjudice aux plus vulnérables » qui n'intenteront pas d'action car la juridiction est trop éloignée. Néanmoins, il est évoqué la nécessité de conserver certaines compétences nationales du TJ de Paris eu égard notamment des atteintes à l'environnement d'envergure internationale. V. BLÉRY C., La spécialisation des juges dans le domaine environnemental, dans Mathilde Hautereau-Boutonnet et Ève Truilhé (dir.), *Le procès environnemental, Du procès sur l'environnement au procès pour l'environnement, op. cit.*, p. 101 ; LAGOUTTE J., *Environnement* (Fasc.), *op. cit.*

[3] ROBACZEWSKI C., « Le traitement judiciaire des "petites" infractions environnementales », *op. cit.*, p. 18.

perspective d'une spécialisation unique. La considération des enjeux locaux est en effet essentielle face à l'hétérogénéité de la matière et la variabilité des contentieux en fonction de leur localisation sur le territoire. D'aucuns opposent ainsi le contentieux du Lot-et-Garonne où la question de l'eau en lien avec le secteur agricole est source de comportement infractionnel et le contentieux de la Guyane plus atteint par les problématiques de pêche illégale souvent commise en bande organisée[1]. Or, incontestablement, les spécificités locales seront plus effectivement prises en compte à mesure du rétrécissement du maillage juridictionnel[2]. En effet, la prise en compte des enjeux locaux pourrait intervenir *de facto* ou par le biais de formations spécifiques offertes aux magistrats de ces juridictions. Néanmoins, il ne faut pas omettre la potentielle étendue géographique des contentieux environnementaux. Sur ce point, il semble que le maillage interrégional permette de maintenir un juste équilibre entre cette potentialité et la prise en compte des territoires par une hyperspécialisation informelle des juges. Mieux que n'importe quel maillage, l'interrégion apparait ainsi être le fruit du compromis entre la juridiction nationale et le maillage départemental.

150. Une optimisation de l'organisation juridictionnelle – Enfin, le maillage interrégional apparait

---

1 FERRAND M., Écologi(sm)e et politique pénale des autorités judiciaires, dans Lagoutte Julien (dir.), *Écologisme et droit pénal, op. cit.*, p. 54.

2 Le rétrécissement du maillage juridictionnel est également favorable aux « petites infractions environnementales » aujourd'hui délaissées. V. ROBACZEWSKI C., « Le traitement judiciaire des "petites" infractions environnementales », *op. cit.*, p. 21.

être celui qui permet la meilleure gestion des moyens humains et financiers. En premier lieu parce que l'étendue de ce ressort permet une concentration à plus grande échelle des moyens matériels et humains. En second lieu parce que la symétrie de ce ressort avec celui des JIRS économique et financière et criminalité et délinquance organisées va permettre une communication et coordination optimisée et opportune de ces parquets. En effet, la criminalité et délinquance organisées et la matière économique et financière sont des contentieux exerçant des relations privilégiées avec le contentieux environnemental et, en ce sens, il apparait essentiel de favoriser leurs relations interjuridictionnelles. Il faut toutefois que les tribunaux désignés pour abriter ces juridictions soient les mêmes que ceux choisis pour les précédentes JIRS.

151. Transition – Dans le cadre des choix encadrant la perspective de cette spécialisation unique et notamment du choix du maillage interrégional, il est essentiel d'étudier les critères de sa compétence : compétence exclusive ou concurrente.

B. Une compétence concurrente

152. Simplification de l'organisation juridictionnelle et conservation de la compétence concurrente – Si les compétences concurrentes actuelles sont sources de complexité, c'est en raison de la quantité de juridictions spécialisées dans certains domaines environnementaux. Dès lors, si cette nouvelle juridiction spécialisée en droit de l'environnement se substitue aux juridictions existantes, alors la conservation d'une compétence concurrente apparait moins problématique. En effet, l'hypothèse d'une spécialisation unique prévient en elle-même le risque de conflit de compétences. Dans cette hypothèse le choix de la compétence concurrente apparait plus opportun que la compétence exclusive puisque les difficultés terminologiques du contentieux environnemental imposent *a minima* une conservation de la compétence des juridictions de droit commun pour ne pas laisser échapper d'éventuelles atteintes. De plus, à l'instar des actuelles juridictions spécialisées en matière environnementale, il pourrait apparaitre opportun de conserver le critère de la complexité pour orienter le contentieux vers cette nouvelle juridiction spécialisée. De ce fait, les petites infractions environnementales, infractions du quotidien, échapperaient toujours à cette juridiction et seraient jugées par les juridictions de droit commun. À cet égard, l'hypothèse de la compétence concurrente apparait donc indiscutable. Dans cette perspective, on comprend donc en quoi la sensibilisation de l'ensemble des magistrats aux problématiques environnementales en parallèle de l'institution d'une juridiction spécialisée semble essentielle pour garantir le traitement effectif et simplifié du contentieux environnemental.

153. Transition – L'interrelation des juridictions au sein de l'organisation juridictionnelle est essentielle dans la perspective de cette spécialisation unique puisque le choix de ses compétences *ratione materiae* et *ratione personae* est déterminant dans l'effectivité de cette juridiction. Cependant, une fois cette organisation interjuridictionnelle réglée, il faut également envisager son organisation intrajuridictionnelle.

Section 2 - L'opportunité d'une juridiction environnementale au regard de l'organisation intrajuridictionnelle

154. Annonce – Le préfixe « intra » signifie « à l'intérieur de ». Ainsi, l'organisation intrajuridictionnelle interroge la structure interne de cette juridiction et notamment sa composition *ratione personae*. En effet, la création d'une juridiction spécialisée en matière environnementale implique une spécialisation des acteurs qui la composent eu égard aux caractères technique et scientifique du contentieux. Toutefois, dans cette perspective, plusieurs options peuvent être envisagées et il ne faut pas verser dans l'utopie en omettant notamment les contraintes de la justice dans son contexte de crise. Selon François Terré il s'agit d'une « Crise de confiance, crise de croissance, crise de conscience »[1]. À cet égard l'attention doit notamment se porter sur les contraintes budgétaires liées à la crise de croissance — on ne doit pas verser dans l'idéalisme et imaginer une juridiction irréaliste — mais il faut également prendre en compte la crise de confiance et de conscience. Sur ce dernier point, le statut choisi pour le juge environnemental et plus généralement la composition de la juridiction est un biais sur lequel on peut jouer. En effet, si la décision de justice est plus éclairée par la présence de spécialistes, les décisions de justice seront

---

[1] LENOBLE J., « La crise du juge » [en ligne], *Revue internationale de droit comparé*, 1992, p. 542-548, [consulté le 11 juin 2024].

mieux comprises et acceptées[1]. Il s'agit d'envisager les caractéristiques opportunes pour cette juridiction dans le choix du statut du juge environnemental (§1) sans laisser de côté les garanties qui devront entourer sa mission (§2).

§1. Le statut du juge environnemental

155. Annonce – Le contentieux environnemental nécessite une expertise scientifique et technique afin d'être correctement traité au sein de nos juridictions. Dès lors, dans la perspective d'une spécialisation unique en matière environnementale, il y a lieu de s'interroger sur la place de l'expert dans l'organisation intrajuridictionnelle. Dans ce cadre, il est nécessaire de prendre en compte les besoins du contentieux environnemental et les contraintes de la Justice pour trouver l'équilibre optimisé entre l'utopie et la réalité. À ce titre nous envisagerons la perspective d'un juge expert (A) et le développement préférable de l'équipe autour du magistrat (B).

A. La perspective d'un juge expert

156. L'utopie du juge expert non professionnel – Il est possible d'envisager la présence de juges experts non

---

[1] Mathilde Hautereau-Boutonnet et Ève Truilhé considèrent que « Les magistrats spécialisés auraient une expertise reconnue et, grâce aux connaissances acquises lors de leur formation et aux automatismes acquis durant leur carrière, ils rendraient une justice plus rapide et pourraient être mieux éclairés et moins contestés ». V. TRUILHÉ E. et HAUTEREAU-BOUTONNET M., *Le procès environnemental, Du procès sur l'environnement au procès pour l'environnement*, *op. cit.*, p. 202.

professionnels comme c'est le cas dans les tribunaux de commerce[1], tribunaux maritimes ou encore au Conseil de Prud'hommes[2]. Dans ces juridictions l'idée est véritablement de permettre à ces litiges spécifiques d'être jugés par des spécialistes c'est-à-dire précisément les praticiens, potentielles parties à ces contentieux. Dans ce cas, la composition peut être, ou non, échevinale comme c'est le cas au Chili qui a opté pour une composition mixte composée de deux magistrats professionnels et d'un expert scientifique. L'Angleterre, la Nouvelle-Zélande et la Suède pratiquent également cet échevinage[3]. Sur ce point, étant entendu qu'il est nécessaire, pour appréhender correctement le contentieux environnemental, que les juges demeurent de bons généralistes, la piste de l'échevinage reste à privilégier. En effet, un collège composé de seuls juges non professionnels ne bénéficierait pas du bagage généraliste nécessaire au traitement des dossiers environnementaux. La présence de magistrats professionnels apparait donc essentielle eu égard à la technicité juridique de ces dossiers et à la transversalité de la matière avec d'autres domaines du droit. Néanmoins, l'internalisation des experts par la présence d'assesseurs issus des administrations, experts en matière environnementale, présenterait un atout certain pour le

---

1 Les tribunaux de commerces sont composés de juges non professionnels appelés juges consulaires ; ils sont issus du monde des affaires et sont élus par leurs pairs.

2 Le Conseil de Prud'hommes est composé d'employeurs et salariés et exceptionnellement d'un magistrat professionnel en formation départage.

3 TRUILHÉ E. et HAUTEREAU-BOUTONNET M., *Le procès environnemental, Du procès sur l'environnement au procès pour l'environnement*, *op. cit.*, p. 204 ; 208.

traitement effectif des dossiers environnementaux. Ils permettraient en effet aux magistrats professionnels de mieux saisir les enjeux environnementaux des dossiers et prescrire les mesures nécessaires à la réparation des atteintes à l'environnement. Toutefois, cet échevinage n'en demeure pas moins utopique et l'opportunité de ces juges experts est discutée et discutable. En effet, il est principalement opposé à cette composition le coût qu'elle représenterait pour la juridiction[1]. De plus, il sera impossible eu égard au champ d'application matériel de la juridiction (compétence générale) de bénéficier d'un véritable expert dans l'ensemble des domaines pour lesquels la juridiction est compétente. Dans ce cas, le juge expert perd finalement toute sa pertinence. Que faire d'un juge expert en pollution de l'air dans une affaire sur la pollution de l'eau ? Cette spécialisation, sinon inutile, serait inopérante dans ce contexte. Néanmoins, il ne serait pas inenvisageable, pour remédier à cet écueil, de se tourner vers des experts plus généraux, issus d'autorités administratives, tels l'Office français de la Biodiversité ou l'Agence de l'Eau. Toujours est-il que, eu égard au coût et à cette difficulté, la présence de ces juges experts n'apparait pas opportune dans la perspective de cette spécialisation unique. D'autant qu'il n'est pas exclu de recourir à des expertises externes en cas de difficultés

[1] Mathilde Hautereau-Boutonnet et Ève Truilhé opposent à l'internalisation de l'expertise le coût. Elles considèrent qu' « une telle idée ne semble pas réaliste, tant il serait difficile et surtout coûteux de recruter de façon permanente des experts spécialisés dans chacune des disciplines scientifiques potentiellement nécessaires à la résolution des litiges variés dont les juridictions sont saisies ». V. TRUILHÉ E. et HAUTEREAU-BOUTONNET M., *Le procès environnemental, Du procès sur l'environnement au procès pour l'environnement*, *op. cit.*, p. 201.

insurmontables pour la juridiction. En outre, considérer que le juge expert est essentiel reviendrait à considérer qu'il est nécessaire dans tous les contentieux complexes. Or, un expert juge-t-il mieux ? Est-ce que dans le contentieux pénal classique un expert psychiatre jugerait mieux que le magistrat actuellement éclairé par l'expertise externe ? On peut en douter. La question reste ouverte.

157. Le réalisme de la formation de magistrats experts – Il n'y a plus lieu de louer les avantages de la formation des magistrats au contentieux environnemental. Pour autant, eu égard à cette formation, des choix peuvent être faits. Simple sensibilisation ou formation de véritables magistrats experts ? Spécialisation de l'ensemble des magistrats ou spécialisation du seul vivier présent dans la juridiction spécialisée ? Dans la perspective de la création d'une juridiction environnementale unique, il semble opportun d'envisager *a minima* la formation des magistrats présents dans cette juridiction spécialisée. Néanmoins, il pourrait également apparaitre pertinent, sans pour autant verser dans l'idéalisme, d'envisager une sensibilisation de l'ensemble des magistrats du territoire. Celle-ci permettrait en effet de traiter efficacement le contentieux du quotidien et opportunément aiguiller les contentieux complexes vers la juridiction spécialisée. C'est cette complémentarité des magistrats spécialisés dans la juridiction environnementale et des magistrats sensibilisés dans les juridictions de droit commun qui permettrait véritablement d'optimiser la gestion du contentieux.

158. Transition – Dans la perspective de cette spécialisation unique, la spécialisation des magistrats n'est pas la seule hypothèse à envisager. Ainsi, dans le cadre de l'organisation intrajuridictionnelle, il est également possible de développer l'équipe autour du magistrat.

B. Le développement préférable de l'équipe autour du magistrat

159. Les assistants spécialisés – Le bénéfice des assistants spécialisés pour les magistrats est certain. En effet, ces assistants accompagnent le parquet et les juges d'instruction en leur apportant « un appui scientifique, technique et réglementaire tout au long de l'enquête » notamment eu égard à leurs connaissances « des circuits institutionnels et des domaines de compétences [des] différents acteurs [afin] d'identifier les contacts utiles et […] cibler les investigations »[1]. Leur usage est plus que recommandé par le rapport de la Cour de cassation qui considère dans le cadre d'une spécialisation ambitieuse leurs « concours essentiels à la compréhension des données de l'affaire »[2]. Jean-Luc Gadaud, Premier vice-président chargé de l'instruction au PSPE de Paris, soulignait ainsi le rôle fondamental des assistants spécialisés, considérant que « le retour d'expérience de cette équipe renforcée autour du juge est très positif en ce qu'elle conduit à une meilleure technicité des

[1] LE CHATELIER B., « Le rôle de l'assistant spécialisé en matière environnementale », *op. cit.*

[2] PARQUET GÉNÉRAL, Molins François (dir.), *Le traitement pénal du contentieux de l'environnement*, *op. cit.*, p. 47.

investigations »[1]. En effet, les assistants spécialisés proposent des axes d'investigation, ils recherchent les experts et participent à l'élaboration de la mission d'expertise jusqu'au rapport final. Ils sont également des acteurs de terrain, puisque leur expertise peut permettre de cibler, lors des perquisitions, les éléments utiles à l'enquête. Enfin, ils peuvent également assister aux auditions afin de formuler des questions sur des aspects techniques du dossier en collaboration avec les magistrats[2]. Ainsi, ils ont le bénéfice d'apporter une expertise interne permanente et complète pour la juridiction sans pour autant partager l'office du juge : la *jurisdictio*. L'intérêt du développement de cette équipe autour du magistrat sans l'instituer du pouvoir de juger est de mieux garantir l'indépendance et l'impartialité de la juridiction. En effet, ces assistants spécialisés sont des fonctionnaires en détachement de ministère et leur confier une telle fonction serait fondamentalement contraire au principe de séparation des pouvoirs. Notons que si la présence de ces assistants au sein de cette juridiction environnementale est évidente, eu égard à leur valeur ajoutée, elle ne l'est pas nécessairement dans l'actuelle organisation juridictionnelle, puisque parmi les différentes juridictions spécialisées, les JULIS n'en sont pas dotées.

160. L'expert externe – Enfin la juridiction peut également avoir recours aux experts externes. Ils se distinguent des assistants spécialisés qui sont des membres

---

[1] GADAUD J.-L., « Le défi d'une réponse judiciaire adaptée au contentieux pénaux sériels en santé publique, accidents collectifs et environnement lors de l'instruction préparatoire », *op. cit.*, p. 39.

[2] LE CHATELIER B., « Le rôle de l'assistant spécialisé en matière environnementale », *op. cit.*

internes à la juridiction. Cet « homme de l'art »[1] est appelé à intervenir ponctuellement au cours de la procédure. Il est un technicien « à qui le juge demande de donner son avis sur des faits nécessitant des connaissances techniques et des investigations complexes »[2]. S'agissant du contentieux environnemental, la nomenclature des spécialités a été tout récemment enrichie de treize nouvelles rubriques relatives à l'expert de justice dans la spécialité de l'Environnement[3]. Cette nouveauté fait suite à la mission d'évaluation *Une justice pour l'environnement* qui relevait en 2019 la nécessité de sécuriser l'expertise environnementale, notamment eu égard au principe de précaution qui présente des enjeux sensibles. Elle relevait également les faiblesses du dispositif d'expertise et notamment un vivier d'experts insuffisant[4]. Sur ce point, il reste du chemin à parcourir. En effet, sur la Cour d'appel de Bordeaux en 2024, seulement six experts environnementaux différents se partagent les treize

---

[1] CORNU G., *Vocabulaire juridique*, *op. cit.*, p. 439.

[2] GUINCHARD S., *Lexique des termes juridiques*, *op. cit.*, p. 479.

[3] On relève en effet que la liste des experts de la Cour d'Appel de Bordeaux pour l'année 2022 ne contenait pas la rubrique « environnement ». V. COUR D'APPEL DE BORDEAUX, *Liste des experts judiciaires, Établie pour le ressort de la Cour d'appel de Bordeaux pour l'année 2022* ; *Arrêté n° JUSC2233882A du 5 décembre 2022 relatif à la nomenclature prévue à l'article 1er du décret n° 2004-1463 du 23 décembre 2004*, Journal officiel, 8 décembre 2022.

[4] MINISTÈRE DE LA TRANSITION ÉCOLOGIQUE ET SOLIDAIRE et MINISTÈRE DE LA JUSTICE, *Une justice pour l'environnement*, *op. cit.*, p. 78.

différents domaines d'expertise[1]. De plus, certains secteurs ne semblent pas bénéficier de spécialiste. C'est le cas du secteur « Mers et océans » alors que Bordeaux se situe précisément dans une zone côtière. C'est également le cas de la section « Biodiversité (faune et flore) et services écosystémiques » ou encore de celle des « espèces invasives (faune et flore) »[2]. Dans ce cadre, dans la perspective de cette spécialisation unique, il est essentiel de développer l'équipe autour du magistrat et par là même ce vivier d'experts pour en garantir l'indépendance et l'impartialité. En effet, la pauvreté de ce vivier est stratégiquement exploitée par les avocats qui placent ces experts en position de conflits d'intérêts afin de mettre en danger la régularité des procédures. À ce titre, la création d'une autorité administrative indépendante est également recommandée pour prévenir les conflits d'intérêts et permettre en ce sens de développer une équipe autour du magistrat plus solide afin de l'aider à rendre des décisions éclairées[3].

161. Agents des administrations – En outre, l'intervention des inspecteurs de l'environnement est également recommandée à l'audience[4] afin de soutenir le

[1] Il s'agit de Bakhiyi Rachida, Lacome Christel, Fagot Cédric Alain, Sellami Farid, Chapuis Renaud et Faure François. V. COUR D'APPEL DE BORDEAUX, *Liste des experts judiciaires, Établie pour le ressort de la Cour d'appel de Bordeaux pour l'année 2024*, p. 380-389.

[2] *Ibid.*, p. 384 ; 386.

[3] MINISTÈRE DE LA TRANSITION ÉCOLOGIQUE ET SOLIDAIRE et MINISTÈRE DE LA JUSTICE, *Une justice pour l'environnement*, *op. cit.*

[4] BARONE S., « L'environnement en correctionnelle. Une sociologie du travail judiciaire » *op. cit.*, p. 504.

dossier de l'enquête, mais également éclairer le siège sur la réglementation applicable face à des avocats qui peuvent avancer de faux arguments noyés dans une réglementation peu lisible[1]. C'est le sens de l'étude d'impact du projet de loi relatif au parquet européen et à la justice pénale spécialisée qui considère qu'il faut encourager la présence à l'audience des représentants des administrations et agents ayant constaté les infractions afin qu'ils rappellent au tribunal le contexte et les enjeux de la réglementation violée. Ils pourraient aussi fournir des indications permettant le prononcé de peines complémentaires et mesures de réparation adaptées à la remise en état des milieux[2].

162. Transition – Dans la perspective d'une spécialisation unique en matière environnementale il apparait ainsi nécessaire de renforcer l'équipe autour du magistrat, quand bien même il serait spécialisé. La présence permanente d'assistants spécialisés, le renforcement du vivier d'experts externes, sans oublier la présence des agents des administrations au cours de l'audience ne sont donc pas à négliger. De ce fait, la spécialisation d'une juridiction à un contentieux impose davantage de prudence sur ses garanties d'indépendance et d'impartialité.

---

[1] VIVER-DARVIOT M., [entretien], *op. cit.,* Annexe 4.

[2] Étude d'impact n° JUSX1933222L, *Étude d'impact du Projet de loi relatif au parquet européen et à la justice pénale spécialisée, op. cit.*, p. 153.

§2. Le renforcement des garanties du juge environnemental

163. Annonce – À la lumière des différentes perspectives envisagées dans le cadre de cette spécialisation unique, les garanties d'indépendance et d'impartialité du juge environnemental pourraient devoir être renforcées. En effet, la spécialisation restreint *de facto* le vivier de juges aptes à connaitre d'un contentieux, nous permettant de nous interroger sur les garanties d'impartialité, mais aussi sur leur indépendance eu égard à l'intervention des administrations et à l'internalisation de fonctionnaires du gouvernement (*a fortiori* si on envisage la présence de juges non professionnels). Dès lors, il s'agira d'étudier les garanties d'indépendance (A) et les garanties d'impartialité (B).

A. Les garanties d'indépendance

164. Présence des assistants spécialisés – Le droit de l'environnement entretient des liens étroits avec le droit public. En ce sens, la création d'une juridiction environnementale nécessite une indépendance indiscutable auprès des administrations et plus généralement du pouvoir exécutif[1]. En effet, l'indépendance des juges implique leur non-soumission à une autre institution ou

[1] GUÉVEL D., « Vers la création de juridictions environnementales ? », *op. cit.*

personne. Il s'agit d'un principe constitutionnel[1] qui implique le strict respect de la séparation des pouvoirs judiciaire et exécutif. Cette indépendance est essentielle pour le magistrat qui a l'une des fonctions les plus fondamentales de la cité : « transformer le droit en justice »[2]. Or, dans la perspective de cette spécialisation unique, l'indépendance pourrait être menacée par la présence au sein de la juridiction d'assistants spécialisés issus des ministères chargés de la santé, de la recherche, de l'agriculture et de l'environnement[3]. Leur implication peut être vue comme un risque pour l'indépendance des magistrats qui pourraient être influencés en interne. C'est d'ailleurs ce qui a été soulevé par la Contribution du Conseil supérieur de la magistrature dans le cadre des États généraux. Ils considèrent que « L'assistance offerte au magistrat pour mener à bien ses missions soulève des problématiques importantes, qui tiennent aux principes — en ce qu'elles sont en lien étroit avec l'indépendance et l'office du juge »[4]. Néanmoins, il ne s'agit pas de remettre en cause *stricto sensu* l'indépendance de nos juges et par la même leur intégrité professionnelle ; celle-ci apparait en effet suffisamment garantie eu égard notamment à leur

---

[1] Ce principe est notamment garanti par l'article 64 de la Constitution qui fait du Président de la république le garant de l'indépendance de l'autorité judiciaire.

[2] Expression attribuée à Marlaux. V. VARAUT J-M., « Indépendance », dans Cadiet Loïc (dir.), *Dictionnaire de la Justice*, PUF, 2004, p. 623.

[3] *Loi n° 2020-1672 du 24 décembre 2020 relative au Parquet européen, à la justice environnementale et à la justice pénale spécialisée*, *op. cit.*

[4] CONSEIL SUPÉRIEUR DE LA MAGISTRATURE, *Contribution du Conseil supérieur de la magistrature, États généraux de la justice,* 31 janvier 2021, p. 30.

inamovibilité. Dès lors, c'est principalement s'agissant de l'exigence d'une apparence d'indépendance imposée par la CEDH[1] que celle-ci pourrait se retrouver menacée. En effet, si on se réfère à l'adage *justice must not only be done ; it must also be seen to be done* ; la présence d'agents des ministères au sein de la juridiction pourrait donner l'apparence d'une non-indépendance de la justice. Il est donc essentiel de renforcer les garanties d'indépendance entourant cette équipe qui se développe autour du magistrat. Ces observations auraient également été applicables si on avait envisagé la présence de juges non professionnels dont il aurait été essentiel de renforcer les garanties d'indépendance eu égard à leur potentielle proximité avec les administrations.

165. Transition – Néanmoins, un auteur souligne que « l'indépendance est tout une affaire de tempérament » considérant qu' « il faut […] une grande force de caractère, pour être indépendant de ses propres opinions et préjugés, des amitiés et solidarités syndicales, des modes et du judiciairement correct et du moi irréductible qui menacent plus l'indépendance du juge que le désormais lointain pouvoir. Cet héroïsme quotidien est sans doute le trait méconnu de la fonction de juge »[2]. Cette citation est d'autant plus exacte en matière d'écologie et d'environnement, matière éminemment marquée par les convictions voire le militantisme. Il convient ainsi d'étudier les garanties d'impartialité.

---

[1] CEDH, 28 juin 1984, *Campbell et Fell c/ Royaume-Uni*, n° 7819/77 ; 7878/77 ; CEDH, 17 janv. 1970, *Delcourt c/ Belgique*, n° 2689/65.

[2] VARAUT J-M., « Indépendance », dans Cadiet Loïc (dir.), *Dictionnaire de la Justice*, *op. cit.*, p. 627.

B. Les garanties d'impartialité

166. Impartialité personnelle et opinions personnelles – D'aucuns soulèvent que « la difficulté est de former à l'impartialité, qui s'impose aux magistrats dans leurs décisions, tout en sensibilisant aux enjeux majeurs liés à ces contentieux »[1]. Cette formation est pourtant essentielle puisque l'impartialité est consubstantielle à la notion de justice. Traditionnellement on distingue deux formes d'impartialité : l'impartialité subjective (ou personnelle) — lorsque le juge se fonde sur des éléments étrangers à sa mission (intérêt personnel ou relations avec les parties)[2] — et l'impartialité objective (ou fonctionnelle) — lorsque le juge s'est déjà fait une opinion de l'affaire parce qu'il en a déjà eu connaissance dans le cadre de ses fonctions[3]. S'agissant du contentieux environnemental, l'impartialité fonctionnelle ne pose pas plus de difficulté que pour les autres contentieux. Dès lors, c'est surtout les risques d'impartialité personnelle qui nous intéresse. En premier lieu, précisément parce qu'à ce jour l'intérêt que portent les magistrats à la matière environnementale et leur potentielle spécialisation réside dans le volontariat et ainsi précisément dans l'intérêt personnel qu'ils portent à ce contentieux. En ce sens, l'impartialité subjective peut apparaitre fragilisée, *a fortiori* si le magistrat est engagé dans le milieu associatif.

---

1 VIVER-DARVIOT M. et ROUILLARD J., Écologi(sm)e et formation des magistrats, dans Lagoutte Julien (dir.), *Écologisme et droit pénal, op. cit.*, p. 56.

2 FRICERO N., « Impartialité », dans Cadiet Loïc (dir.), *Dictionnaire de la Justice*, PUF, 2004, p. 607.

3 CEDH, 1er oct. 1982, *Piersack c/ Belgique*, n° 8692/79.

Ainsi, elle interroge de nouveau l'appartenance des juges à des associations, syndicats et en leur sein à leur liberté de parole[1]. Pourtant, on ne peut que se réjouir de la création de l'Association française des magistrats pour la justice environnementale, preuve de la prise en considération sérieuse de ces problématiques par nos juges. À l'instar de l'indépendance, c'est donc toujours et surtout l'apparence d'impartialité[2] qui interroge. Il faut rappeler que cette impartialité personnelle doit toujours être présumée, jusqu'à preuve du contraire, et que « l'impartialité ne signifie évidemment pas que le juge doit cesser d'avoir des opinions personnelles »[3]. Au contraire, d'aucuns considèrent que la « subjectivité du juge est nécessaire à une justice humainement acceptable [puisque] elle permet d'adapter la rigueur des règles juridiques à la solution la plus équitable possible »[4]. En ce sens, cette partialité, qu'il faut combattre, agit également au bénéfice de l'humanisation de la Justice. Or, quoi de plus nécessaire pour un contentieux qui concerne les intérêts de la nation voire l'intérêt de la protection de l'humanité ? À l'instar du contentieux terroriste, où il ne nous viendrait pas à l'idée de contester le fait de confier le jugement de ses infractions à des magistrats spécialisés, qui de mieux placé

---

[1] AFP, « Un "principe d'impartialité" des magistrats syndiqués voté au Sénat » [en ligne], *Le Monde*, 2023, [consulté le 12 juin 2024] ; POINAS E., « Impartialité : vers un contrôle de l'expression syndicale des magistrats ? » [en ligne], *Actu-juridique*, 2023, [consulté le 12 juin 2024].

[2] CEDH, 1er oct. 1982, *Piersack c/ Belgique*, n° 8692/79 ; CEDH, 17 janv. 1970, *Delcourt c/ Belgique*, n° 2689/65.

[3] FRICERO N., « Impartialité », dans Cadiet Loïc (dir.), *Dictionnaire de la Justice*, *op. cit.*

[4] *Ibid.*

qu'un fervent défenseur de l'environnement pour juger de ses atteintes ? Néanmoins, pour anticiper d'éventuelles critiques eu égard à l'éventuelle apparence de partialité personnelle, il pourrait apparaitre opportun, dans la perspective de cette spécialisation unique, de renforcer les garanties d'impartialité afin de préserver la confiance des justiciables.

167. Impartialité personnelle et contentieux sériels – En second lieu, la perspective d'une spécialisation unique implique *de facto* la concentration des dossiers devant les mêmes juges. Il est en effet probable que de mêmes mis en cause se retrouvent à plusieurs reprises sur le banc des accusés. À l'échelle du ressort de la juridiction, ce sont souvent les mêmes acteurs qui exercent des activités à risque pour l'environnement et peuvent en ce sens se retrouver impliqués à de multiples occasions. Dès lors, on pourrait craindre que le juge qui connait régulièrement des mêmes mis en cause développe une sympathie ou au contraire une hostilité envers ces derniers, fragilisant ainsi l'exigence d'impartialité. On pourrait également redouter la standardisation des décisions face à des contentieux aux faits similaires. Dans la perspective d'une spécialisation unique en matière environnementale, il faut trouver un équilibre entre le bénéfice de l'expérience d'un juge spécialisé, voire hyperspécialisé par sa pratique quotidienne du contentieux, et le risque d'une familiarisation avec les parties et faits dont il sera saisi. En ce sens, il s'agit de s'interroger sur l'impartialité du juge dans le cadre d'un contentieux sériel. Sur ce point, s'agissant des magistrats amenés à connaitre d'une affaire aux faits similaires avec les mêmes défenseurs mis en cause, la Cour de cassation considère que « la similitude ne crée pas l'identité des causes et, en ce domaine, l'absence d'identité chasse la partialité »[1]. Néanmoins, dans la perspective de cette spécialisation unique, il conviendra de rester vigilant.

[1] Guinchard relève toutefois l'opportunité de cette décision qui semble « sauver » le jugement de l'annulation en raison d'une simple identité partielle des parties. V. GUINCHARD S., CHAINAIS C., DELICOSTOPOULOS C. et *al.*, *Droit processuel, op. cit.*, p. 1059 ; Cass., 2e civ., 7 avr. 2016, n° 15-16.091 ; 15-16.092 ; 15-16.093.

CONCLUSION DE LA PARTIE 2

168. Réalisation délicate de la spécialisation et perspectives de perfectionnement – Finalement, après avoir dressé le tableau de l'actuelle spécialisation des juridictions en matière environnementale, on relève leur enchevêtrement complexifiant la justice environnementale. En effet, l'état de cette spécialisation répond parfois mieux au quantitatif qu'au qualitatif s'agissant notamment de l'organisation juridictionnelle. Dès lors, la perspective d'une spécialisation unique s'y substituant apparait être opportune. Celle-ci, pour ne pas reproduire les écueils de ses homologues, devra en tirer les leçons tout en tenant compte des besoins et des contraintes du contentieux. En ce sens, il nous a paru pertinent de développer l'hypothèse d'une juridiction à compétence générale, civile et pénale, au maillage interrégional et à la compétence concurrente. En outre, celle-ci devrait pouvoir bénéficier de magistrats et d'assistants spécialisés.

CONCLUSION

169. Pertinence de la spécialisation – Il ne s'agissait pas de faire une étude comparative[1] afin de déterminer quel contentieux remporte la palme de celui qui est le plus propice à la spécialisation, mais plutôt de constater les vices et les besoins dans la gestion du contentieux environnemental pour les juridictions classiques. La spécialisation est ainsi pertinente en ce qu'elle simplifie et optimise le traitement des contentieux permettant une réponse plus rapide, plus éclairée et plus effective parce que plus adaptée. Elle apparait également utile en ce qu'elle place le contentieux environnemental parmi ceux qui méritent une attention particulière eu égard aux objectifs de répression poursuivis pas la société. On ne peut que se réjouir de la place que prend l'environnement sur la scène judiciaire aux cotés de la criminalité organisée, la délinquance financière ou tout récemment les violences intrafamiliales.

170. La non pertinence de l'hyperspécialisation plurielle – Ainsi, la spécialisation des juridictions en matière environnementale a façonné notre organisation juridictionnelle au fil des réformes par l'institution dans différents domaines de nouvelles juridictions. Elle aboutit

[1] Gilles J. Martin s'interroge si la complexité du contentieux environnemental « fait appel à des connaissances techniques si particulières que la spécialisation des juges qui doivent en connaitre s'imposerait » et si « sa complexité [est plus forte] que dans d'autres domaines du droit tels que le droit des brevets [ou encore] le droit de l'informatique ». V. MARTIN G.-J., Propos conclusifs, dans Hautereau-Boutonnet Mathilde et Truilhé Ève (dir.), *Le procès environnemental*, Dalloz, 2021, p. 204.

à un système hyperspécialisé, pluriel et rempli d'écueils, ce qui ne facilite guère sa lisibilité. En outre, en dehors de rares exceptions, la réponse judiciaire n'apparait pas plus satisfaisante. Si la spécialisation est pertinente, ce n'est donc pas le cas de l'hyperspécialisation qui apparait, elle, inopportune. Il conviendrait donc de revoir l'actuelle organisation.

171. Spécialisation unique : utopie ou réalité ? – Si la spécialisation n'est donc pas le doux rêve d'auteurs idéalistes, la perspective d'une spécialisation unique devra rester en phase avec la réalité. À cet égard, il apparait que l'ambition d'une spécialisation unique instituant une juridiction civile et pénale, à la compétence générale et concurrente, au maillage interrégional et composée de magistrats professionnels accompagnés d'assistants spécialisés, tiendra compte des besoins du contentieux environnemental sans pour autant verser dans l'idéalisme. Elle n'est donc plus la « gentille utopie » opposée à Didier Guével.

172. Généralisation de la spécialisation – La liste est longue : environnement, économique et financier, criminalité organisée, violence intrafamiliale, *Cold Case*, terrorisme, numérique… La spécialisation semble ainsi peu à peu gagner du terrain, si bien qu'elle peut offrir l'ultime impression d'une diminution puis disparition progressive du régime de « droit commun ». Or, si tout se spécialise, la spécialisation ne deviendrait-elle pas la norme et finalement le régime de droit commun de demain ?

BIBLIOGRAPHIE

1 - Dictionnaires généraux et lexiques juridiques

Dictionnaires imprimés

ARNAUD A-.J., *Dictionnaire encyclopédique de théorie et de sociologie du droit*, Paris, L.G.D.J., 1993, 748 p.

BOURG D. et PAPAUX A., *Dictionnaire de la pensée écologique*, Paris, PUF, 2017, 1088 p.

CADIET L., *Dictionnaire de la Justice*, 1re éd., Paris, PUF, 2004, 1362 p.

CORNU G., *Vocabulaire juridique*, 12e éd., Paris, PUF, 2018, 1103 p.

GUINCHARD S., *Lexique des termes juridiques*, 30e éd., Paris, Dalloz, 2022, 1138 p.

REY A. et REY-DEBOVE J., *Le Petit Robert 2025, Dictionnaire alphabétique et analogique de la langue française*, Le Robert, 2024, 2836 p.

Dictionnaires en ligne

Dictionnaire de l'Académie française, (s. d.), [en ligne], [consulté le 1 mars 2024].

Dictionnaire Trésor de la langue française, (s. d.), [en ligne], [consulté le 1 mars 2024].

2 - Manuels et ouvrages juridiques généraux

CADIET L., NORMAND J. et AMRANI MEKKI S., *Théorie générale du procès*, 3e éd., Paris, PUF, 2020, 953 p.

FONBAUSTIER L., *Manuel de droit de l'environnement*, 3e éd., Paris, PUF, 2023, 362 p.

GUINCHARD S. et BUISSON J., *Procédure pénale*, 13e éd., Paris, LexisNexis, 2020, 1509 p.

GUINCHARD S., CHAINAIS C., DELICOSTOPOULOS C. et *al.*, *Droit processuel, Droit commun et droit comparé du procès équitable*, 12e éd., Paris, Dalloz, 2023, 1674 p.

HAUTEREAU-BOUTONNET M. *Le code civil, un code pour l'environnement*, Paris, Dalloz, 2021, 191 p.

HAUTEREAU-BOUTONNET M., *Responsabilité civile environnementale*, Paris, Dalloz, 2020, 155 p.

JEULAND E., *Droit processuel général*, 5e éd., Paris, L.G.D.J., 2022, 932 p.

MAGNIN L., ROUMÉAS R. et BASIER R., *Polices environnementales sous contraintes*, Paris, RUED'ULM, 2024, 90 p.

MARTIN-BIDOU P., *Droit de l'environnement*, 2e éd., Millau, Bréal, 2021, 272 p.

MOLINER-DUBOST M., *Droit de l'environnement*, 2e éd., Paris, Dalloz, 2019, 501 p.

MORAND-DEVILLIER J., *Le droit de l'environnement,* Que sais-je ?, 2023, 127 p.

NAIM-GESBERT E., *Droit général de l'environnement, Introduction au droit de l'environnement*, 4e éd., Paris, Lexis Nexis, 2024, 330 p.

PARANCE B., La réparation des préjudices liés au dommage environnemental, dans Neyret Laurent et Martin Gilles (dir.), *Nomenclature des préjudices environnementaux*, Paris, L.G.D.J., 2012, 434 p.

PRIEUR M., BÉTAILLE J., CAMPROUX DUFFRENE M.-P. et *al.*, *Droit de l'environnement*, 9e éd., Paris, Dalloz, 2023, 1893 p.

RASSAT M. L., *La justice en France* [en ligne], Paris, PUF, 2007, 129 p., [consulté le 19 mai 2024].

REGOURD C., RIMBAULT C. et VERPEAUX M., *Institution et droit de l'environnement*, Paris, La Documentation française, 2023, 243 p.

ROCHE C., *L'essentiel du droit de l'environnement*, 12e éd., Paris, Gualino, 2022, 177 p.

ROMI R., AUDRAIN-DEMAY G. et LORMETEAU B., *Droit de l'environnement et du développement durable*, 11e éd., Paris, L.G.D.J., 2021, 784 p.

VAN LANG A., *Droit de l'environnement*, 5e éd., Paris, PUF, 2021, 623 p.

3. Ouvrages spécialisés (Actes publiés de colloques, fascicules)

BERGEAUD-WETTERWALD A., L'apport du droit du procès : la question de l'accès au juge judiciaire en matière environnementale, dans Lagoutte Julien (dir.), *L'apport du droit privé à la protection de l'environnement*, mare & martin, 2022, 335 p.

BLÉRY C., La notion de spécialisation, dans Ginestet Catherine (dir.), *La spécialisation des juges*, Toulouse, L.G.D.J., 2012, 244 p.

BLÉRY C., La spécialisation des juges dans le domaine environnemental, dans Hautereau-Boutonnet Mathilde et Truilhé Ève (dir.), *Le procès environnemental*, Paris, Dalloz, 2021, 207 p.

DARCY G., Elaborer la règle dans un système complexe, dans Doat Mathieu, Le Goff Jacques et Pédrot Phillippe (dir.), *Droit et complexité, Pour une nouvelle intelligence du droit vivant*, Presses Universitaires de Rennes, 2007, 252 p.

DAVID T., L'apport du droit de la preuve à la réaction au dommage environnemental, dans Lagoutte Julien (dir.), *L'apport du droit privé à la protection de l'environnement*, mare & martin, 2022, 335 p.

DELMAS B., L'apport du droit de la responsabilité civile au droit de l'environnement, dans Lagoutte Julien (dir.), *L'apport du droit privé à la protection de l'environnement*, mare & martin, 2022, 335 p.

FERRAND M., Écologi(sm)e et politique pénale des autorités judiciaires, dans Lagoutte Julien (dir.), *Écologisme et droit pénal* [en ligne], Lexbase Pénal, 2023, 122 p.

FONBAUSTIER L., L'écologisme dans le discours de la doctrine environnementaliste, dans Lagoutte Julien (dir.), *Écologisme et droit pénal* [en ligne], Lexbase Pénal, 2023, 122 p.

GINESTET C., Le regroupement fondé sur la complexité du contentieux : la matière économique et financière, dans Ginestet Catherine (dir.), *La spécialisation des juges*, Toulouse, L.G.D.J., 2012, 244 p.

GUETTIER C., Disparition, maintien ou réformation de la dualité de juridiction ? [en ligne], dans *Vers de nouvelles normes en droit de la responsabilité publique*, Sénat, 2001, [consulté le 13 juin 2024].

LABROT V., Droit et complexité, Regard sur le droit de l'environnement, dans Doat Mathieu, Le Goff Jacques et Pédrot

Phillippe (dir.), *Droit et complexité, Pour une nouvelle intelligence du droit vivant*, Presses Universitaires de Rennes, 2007, 252 p.

LAGOUTTE J., *Environnement, Procédure pénale environnementale* (Fasc.), novembre 2022, 70 p.

LAGOUTTE J., Introduction, dans Lagoutte Julien (dir.), *L'apport du droit privé à la protection de l'environnement*, mare & martin, 2022, 335 p.

LAGOUTTE J., Écologisme et droit pénal : le pourquoi du comment, dans Lagoutte Julien (dir.), *Écologisme et droit pénal* [en ligne], Lexbase Pénal, 2023, 122 p.

LAGOUTTE J. (dir.), *Le droit pénal face au changement climatique : l'échelle globale*, Bordeaux, 22 mars 2024.

LE GOFF J., Introduction, dans Doat Mathieu, Le Goff Jacques et Pédrot Phillippe (dir.), *Droit et complexité, Pour une nouvelle intelligence du droit vivant*, Presses Universitaires de Rennes, 2007, 252 p.

MARTIN G.-J., Propos conclusifs, dans Hautereau-Boutonnet Mathilde et Truilhé Ève (dir.), *Le procès environnemental*, Dalloz, 2021, 207 p.

MARTIN, G.-J., Rapport de synthèse, dans Mekki Mustapha et Naim-Gesbert Éric (dir.), *Droit public et droit privé de l'environnement : unité dans la diversité ?*, L.G.D.J., 2016, 247 p.

MEKKI M. et NAIM-GESBERT E. (dir.), *Droit public et droit privé de l'environnement : unité dans la diversité ?*, L.G.D.J., 2016, 247 p.

MOUNIER S., Écologi(sm)e et politique pénale des autorités administratives, dans Lagoutte Julien (dir.), *Écologisme et droit pénal* [en ligne], Lexbase Pénal, 2023, 122 p.

ROBERT J-.H., L'argument écologiste dans le discours du législateur pénal, dans Lagoutte Julien (dir.), *Écologisme et droit pénal* [en ligne], Lexbase Pénal, 2023, 122 p.

VIVER-DARVIOT M. et ROUILLARD J., Écologi(sm)e et formation des magistrats, dans Lagoutte Julien (dir.), *Écologisme et droit pénal* [en ligne], Lexbase Pénal, 2023, 122 p.

4 - Mémoires / Thèses

BOUCHERIFI T., *Le traitement des atteintes à l'environnement par la justice pénale* [en ligne], Perrier Jean-Baptiste (dir.), mémoire, droit, Aix-Marseille Université, 2022, [consulté le 27 février 2024].

CANALI L., *Le procès et le changement climatique, Étude de la réalisation juridictionnelle du droit climatique*, Hautereau-boutonnet Mathilde et Truilhe Ève (dir.), thèse de doctorat, droit, Aix-Marseille Université, 2023.

JEANNE V., *La protection de l'environnement en tant que composante de l'intérêt général* [en ligne], Fonbaustier Laurent (dir.), thèse de doctorat, droit, Université Paris-Saclay, 2021, [consulté le 27 février 2024].

5 - Articles de doctrine

AGOGUET D., ATZENHOFFER D. et DELBOS V., « Justice pour l'environnement : une justice pour prévenir le monde d'après », *Revue Justice Actualités*, juin 2021, n° 25, 193 p.

AGOGUET D., ATZENHOFFER D., DELBOS V. et *al.*, « Les incriminations environnementales », *Revue Justice Actualités*, juin 2021, n° 25, 193 p.

BARONE S., « L'impunité environnementale. L'État entre gestion différentielle des illégalismes et désinvestissement global » [en ligne], *Champ Pénal*, 2018, [consulté le 13 mai 2024].

BARONE S., « L'environnement en correctionnelle. Une sociologie du travail judiciaire » [en ligne], *Déviance et société*, 2019, p. 481-516, [consulté le 13 mai 2024].

BAUDOIN C., « Une justice environnementale efficace est une justice spécialisée » [en ligne], *Actu-Juridique*, 2023, [consulté le 28 février 2024].

BAUDOIN C., « Droit pénal international de l'environnement : l'enjeu de la coercition » [en ligne], *Actu-juridique*, 2022, [consulté le 12 mai 2024].

BENEZECH F., « Approche globale de la délinquance environnementale : le rôle des procureurs de la République », *Revue Justice Actualités*, juin 2021, n° 25, 193 p.

BODDINGTON E., « Introduction », *Revue Justice Actualités*, juin 2021, n° 25, 193 p.

BODON V., « Quand naît la question environnementale ? Proposition d'analyse à partir de l'étude de l'aménagement du barrage de Serre-Ponçon » [en ligne], *Annales historiques de l'électricité*, 2005, n° 3, [consulté le 11 mai 2024].

BRÛLÉ A., « Le développement effectif de l'action des pôles régionaux environnementaux » [en ligne], *Droit pénal*, 2023, n° 12, [consulté le 1er mai 2024].

DEPAY M., « Spécialisation des tribunaux, vers une politique pénale environnementale renforcée ? » [en ligne], *Village de la Justice*, 2021, [consulté le 28 février 2024].

DUMONT SAINT PRIEST L. et SABY M., « 2021 : millésime du droit pénal de l'environnement ? » [en ligne], *Dalloz actualité*, janvier 2021, [consulté le 11 mai 2024].

GADAUD J-.L., « Le défi d'une réponse judiciaire adaptée aux contentieux pénaux sériels en santé publique, accidents collectifs et environnement lors de l'instruction préparatoire », *Revue Justice Actualités*, juin 2021, n° 25, 193 p.

GAND P., « L'influence dans les pratiques judiciaires françaises de l'expérience italienne de la lutte contre les mafias » [en ligne], *Lexbase Pénal*, décembre 2022, n° 55, [consulté le 8 mai 2024].

GAND P., « La surspécialisation des juges pénaux » [en ligne], *Droit pénal*, mai 2023, n° 5, [consulté le 5 mai 2024].

GUÉVEL D., « Vers la création de juridictions environnementales ? » [en ligne], *Recueil Dalloz*, octobre 2019, n° 34, p. 1881, [consulté le 19 février 2024].

HAERI K., MUNOZ-PONS V., TOUANSSA M., et *al*, « Spécialisation de la justice pénale environnementale : retour sur la loi du 24 décembre 2020 » [en ligne], *Dalloz actualité*, 2021, [consulté le 28 février 2024].

HAUTEREAU-BOUTONNET M., « Quel avenir pour le régime de réparation du préjudice écologique ? », *Revue Justice Actualités*, juin 2021, n° 25, 193 p.

LAFITTE M., « L'information judiciaire environnementale en matière de criminalité organisée », *Revue Justice Actualités*, juin 2021, n° 25, 193 p.

LAGIER F., « Le traitement pénal de la pollution des navires », *Revue Justice Actualités*, juin 2021, n° 25, 193 p.

LAGOUTTE J., « Le chapitre V de la loi n° 2020-1672 du 24 décembre 2020 (et quelques autres évolutions acquises et à venir du droit pénal de l'environnement) : la justice environnementale relevée ? », *Revue pénitentiaire* (non publié), 2020.

LAGOUTTE J., « Joyeux Noël ? Regard sur le chapitre V de la loi du 24 décembre 2020 relative au Parquet européen, à la justice environnementale et à la justice pénale spécialisée » [en ligne], *Droit pénal*, 2021, n°2, [consulté le 6 mars 2024].

LE BIDEAU A., « Le stage extérieur proposé aux auditeurs de justice à l'office français de la biodiversité », *Revue Justice Actualités*, juin 2021, n° 25, 193 p.

LE CHATELIER B., « Le rôle de l'assistant spécialisé en matière environnementale », *Revue Justice Actualités*, juin 2021, n° 25, 193 p.

LENOBLE J., « La crise du juge » [en ligne], *Revue internationale de droit comparé*, avril-juin 1992, Vol. 44 n° 2, p. 542-548, [consulté le 11 juin 2024].

LHUILIER G., « Le droit et sa pratique à l'Âge des transitions » [en ligne], *Revue pratique de la prospective et de l'innovation,* novembre 2023, n° 2 [consulté le 22 mai 2024].

MATAGNE P., « Aux origines de l'écologie » [en ligne], *Innovations*, 2003, n° 18, [consulté le 12 mai 2024].

MEKKI M., « Le droit privé de la preuve... à l'épreuve du principe de précaution » [en ligne], *Recueil Dalloz,* 2014, [consulté le 25 mai 2024].

MONTAVON C. et DESAULES MARIE, « Regards croisés sur le crime d'écocide : des tentatives de concrétisation du concept, entre société civile et institutions (inter)nationales » [en ligne], *Droit et société*, 2022, n° 112, [consulté le 12 mai 2024].

PAOLO P., « "Tous les quatre matins, les parquets ont de nouvelles priorités" : pourquoi la justice environnementale peine à se faire une place en France » [en ligne], *France info*, 2023, [consulté le 29 mai 2024].

PARANCE B., « La CEDH condamne la Suisse : tsunami climatique européen ou simple tempête ? » [en ligne], *le club des juristes*, 2024, [consulté le 18 avril 2024].

POINAS E., « Impartialité : vers un contrôle de l'expression syndicale des magistrats ? » [en ligne], *Actu-juridique*, 2023, [consulté le 12 juin 2024].

RADÉ C., « Le principe de précaution une nouvelle éthique de la responsabilité » [en ligne], *Revue Juridique de l'Environnement*, 2000, [consulté le 26 mai 2024].

REDON L., « La place des alternatives aux poursuites dans la réponse pénale des atteintes à l'environnement, État des lieux juridique et quantitatif », *Revue Justice Actualités*, juin 2021, n° 25, 193 p.

ROBACZEWSKI C., « Le traitement judiciaire des "petites" infractions environnementales », *Revue Justice Actualités*, juin 2021, n° 25, 193 p.

THIEBOLD E. et CAMPROUX DUFFRÈNE M-.P., « La preuve du préjudice écologique et de sa réparabilité », *Revue Justice Actualités*, juin 2021, n° 25, 193 p.

TRICOT J., « Utilité et spécificités de la responsabilité pénale des personnes morales en matière environnementale », *Revue Justice Actualités*, juin 2021, n° 25, 193 p.

ZABALZA A., « De revolutionibus orbium terrarum Pour une révolution " géocentrique " dans le système des biens » [en ligne], *HAL*, décembre 2021, 29 p., [consulté le 10 mai 2024].

6 - Discours et entretien

BOULARD J., *Discours du premier président, Audience solennelle de rentrée* [discours], 15 janvier 2024, 12 p.

VIVER-DARVIOT M., La spécialisation des juridictions au contentieux environnemental [entretien] mené par Coudry Camille, Bordeaux, 2 mai 2024, Annexe 4.

7 - Projets de réforme et étude d'impact

Étude d'impact n° JUSX1933222L, *Étude d'impact du Projet de loi relatif au parquet européen et à la justice pénale spécialisée*, 27 janvier 2020.

8. Rapports officiels

CONSEIL SUPÉRIEUR DE LA MAGISTRATURE, *Contribution du Conseil supérieur de la magistrature, États généraux de la justice,* 31 janvier 2021, 39 p.

MINISTÈRE DE LA JUSTICE, Jégouzo Yves (dir.), *Pour la réparation du préjudice écologique*, septembre 2013.

MINISTÈRE DE LA TRANSITION ÉCOLOGIQUE, *Méthode pour la réalisation des bilans d'émissions de gaz à effets de serre*, juillet 2022.

MINISTÈRE DE LA TRANSITION ÉCOLOGIQUE, Monnoyer-Smith Laurence (dir.), *Préjudice écologique, bien dimensionner la réparation des dommages*, décembre 2018, 4 p.

MINISTÈRE DE LA TRANSITION ÉCOLOGIQUE ET SOLIDAIRE et MINISTÈRE DE LA JUSTICE, *Une justice pour l'environnement*, octobre 2019.

MINISTÈRE DE LA TRANSITION ÉCOLOGIQUE ET SOLIDAIRE et MINISTÈRE DE LA JUSTICE, *Tome 2 - Annexe 7 à 27 du rapport, Une justice pour l'environnement*, octobre 2019.

PARQUET GÉNÉRAL, Molins François (dir.), *Le traitement pénal du contentieux de l'environnement*, 2023.

RÉPUBLIQUE FRANÇAISE, *Rapport de la Convention citoyenne pour le climat*, 21 juin 2020.

TRUILHÉ E. et HAUTEREAU-BOUTONNET M., *Le procès environnemental, Du procès sur l'environnement au procès pour l'environnement,* mai 2019.

9 - Rapport officiel international

A/CONF.48/14/Rev.1, *Rapport de la conférence des nations unies sur l'environnement*, 1972, 83 p.

10. Rapports statistiques

INFOS RAPIDES JUSTICE, *18 200 affaires relatives au contentieux de l'environnement traitées par le parquet en 2021*, n° 4, janvier 2023.

INFOSTAT JUSTICE, *La protection de l'environnement devant les tribunaux judiciaires répressifs*, n° 34, décembre 1993.

INFOSTAT JUSTICE, *Le contentieux de l'environnement : une réponse pénale axée sur la régularisation et la mise en état*, n° 138, novembre 2015.

INFOSTAT JUSTICE, *Le traitement du contentieux de l'environnement par la justice pénale entre 2015 et 2019*, n° 182, avril 2021.

INTERSTATS, *Les atteintes à l'environnement enregistrées par la police et la gendarmerie entre 2016 et 2021*, n° 46, mai 2022.

SSER et SSM JUSTICE, *Les condamnations, Données 2021*, 2022.

SSM JUSTICE, *Les chiffres clefs de la justice*, 2017.

SSM JUSTICE, *Les chiffres clefs de la justice*, 2023.

11. Documents officiels Cour d'appel

COUR D'APPEL DE BORDEAUX, *Liste des experts judiciaires, Établie pour le ressort de la Cour d'appel de Bordeaux pour l'année 2022*, 248 p.

COUR D'APPEL DE BORDEAUX, *Liste des experts judiciaires, Établie pour le ressort de la Cour d'appel de Bordeaux pour l'année 2024*, 400 p.

12 - Circulaires

MINISTÈRE DE LA JUSTICE, *Circulaire n° JUSD1423119C relative à la lutte contre la criminalité complexe et la grande délinquance économique et financière – consolidation de l'action des juridictions interrégionales spécialisées*, 30 septembre 2014.

MINISTÈRE DE LA JUSTICE, *Circulaire n° JUSD1509851C du 21 avril 2015 relative aux orientations de politique pénale en matière d'atteintes à l'environnement*, 21 avril 2015.

MINISTÈRE DE LA JUSTICE, *Circulaire n° JUSD1711497C relative à l'extension de la compétence concurrente des juridictions du littoral spécialisées (JULIS) aux infractions d'atteintes aux biens culturels maritimes, en application des articles 706-111-1 et suivants du code de procédure pénale, introduits par la loi n°2016-1547 du 18 novembre 2016 de modernisation de la justice du XXIème siècle*, 18 avril 2017.

MINISTÈRE DE LA JUSTICE, *Circulaire n° JUSD1934576C relative à la compétence nationale concurrente du tribunal de grande instance et de la cour d'assises de Paris dans la lutte contre la criminalité organisée de très grande complexité, et à l'articulation du rôle des différents acteurs judiciaires en matière de lutte contre la criminalité organisée*, 17 décembre 2019.

MINISTÈRE DE LA JUSTICE, *Circulaire n° CRIM 2021-02/ G3-11/05/2021 visant à consolider le rôle de la justice en matière environnementale*, 11 mai 2021.

MINISTÈRE DE LA JUSTICE, *Circulaire n° 2023/F/0061/ FF3BIS de politique pénale en matière de justice pénale environnementale*, 9 octobre 2023.

13 - Jurisprudence

<u>Cour européenne des droits de l'Homme</u> :

CEDH, 17 janv. 1970, *Delcourt c/ Belgique*, n° 2689/65.

CEDH, 1er oct. 1982, *Piersack c/ Belgique*, n° 8692/79.

CEDH, 28 juin 1984, *Campbell et Fell c/ Royaume-Uni*, n° 7819/77 ; 7878/77.

CEDH, 29 mars 2001, *D.N. c/ Suisse*, n° 27154/95.

CEDH, 3 avr. 2008, *Regent Company c/ Ukraine*, n° 773/03.

CEDH, 9 avr. 2024, *Verein KlimaSeniorinnen Schweiz et autres c/ Suisse*, n° 53600/20

<u>Cour de justice de la Communauté européenne</u> :

CJCE 27 janv. 2005, *Denuit et Cordenier*, affaire C-125/04.

<u>Cour de justice de l'Union européenne</u> :

CJUE, 8e ch., 13 févr. 2014, *Merck Canada*, affaire C-555/13.

Cour de cassation-Assemblée plénière :

Cass. Ass. plén. 22 déc. 2023, n° 20-20.648.

Cour de cassation-Première chambre civile :

Cass., 1re civ., 16 nov. 1982, n° 81-15.550.

Cass., 1re civ., 20 févr. 2001, *Cubic*, n° 99-12.574.

Cass., 1re civ., 26 oct. 2010, n° 09-10.530.

Cour de cassation-Deuxième chambre civile :

Cass., 2e civ., 7 avr. 2016, n° 15-16.091 ; 15-16.092 ; 15-16.093.

Cour de cassation-Troisième chambre civile :

Cass., 3e civ., 3 mars 2010, n° 08-19.108.

Cour de cassation-Chambre criminelle :

Cass., Crim., 26 juin 2001, n° 00-86.526.

Cass., Crim., 25 sept. 2012, *Erika*, n° 10-82.938.

Cass., Crim., 15 nov. 2022, n° 22-80.097.

Cour d'appel

CA Besançon, 23 févr. 2021, n° 19/01375.

Tribunal judiciaire

TJ. Marseille, 6e ch. corr., 6 mars 2020, n° 16259000020.

TJ. Tulle, 29 janv. 2021, n° 15201000017.

Tribunal de grande instance

TGI. Dax, ch. corr., 28 juin 2018, n° 1730600008.

Tribunal administratif :

TA de Paris, 3 fév. 2021, *L'affaire du siècle*, n° 1904967, 1904968, 1904972, 1904976/4-1.

TA de Paris, 14 oct. 2021, *L'affaire du siècle*, n° 1904967, 1904968, 1904972, 1904976/4-1.

Tribunal des conflits :

T. Confl., 8 fév. 1873, *Blanco*, n° 00012.

14 - Articles de presse

AFP, « Un "principe d'impartialité" des magistrats syndiqués voté au Sénat », [en ligne], *Le Monde*, 8 juin 2023, [consulté le 12 juin 2024].

MANDARD S., « À la cour d'appel de Paris, une nouvelle chambre pour mieux traiter les contentieux environnementaux liés aux grandes entreprises » [en ligne], *Le Monde*, 5 mars 2024, [consulté le 5 mars 2024].

15 - Articles ou pages d'un site en ligne

CHARTIER I., « Lutte contre la délinquance environnementale : le Colden d'Île-de-France est mis en place », sur *Actu environnement* [en ligne], publié le 14 mai 2024, [consulté le 2 juin 2024]. https://www.actu-environnement.com/ae/news/colden-ile-de-france-idf-delinquance-environnementale-parquet-penal-44045.php4

ENM, *Cycle approfondi sur la justice environnementale (CAJE) 2024* [en ligne], [consulté le 30 mai 2024]. https://formation.enm.justice.fr/_layouts/15/OFL_Architecture/Pages/Formation.aspx?ControlMode=Display&List=7204d6c1-386e-442b-8cbc-6de445483e84&id=25908&QueryMode=Standard&Onglet=DroitActif&MotsCles=caje&Page=1&Web=a90b7895-9138-4902-b297-6c130d7a9ad4

ENM, *Droit de l'environnement : comment sont formés les magistrats ?* [en ligne], [consulté le 30 mai 2024]. https://www.enm.justice.fr/actu-22042020-droit-de-l-environnement-comment-sont-formes-les-magistrats

ENM, *Enquêter sur les atteintes à l'environnement et à la santé publique* [en ligne], [consulté le 30 mai 2024]. https://formation.enm.justice.fr/_layouts/15/OFL_Architecture/Pages/Formation.aspx?ControlMode=Display&List=7204d6c1-386e-442b-8cbc-6de445483e84&id=27364&QueryMode=Standard&Onglet=DroitActif&MotsCles=cesan&Disponible=1&Page=1&Web=a90b7895-9138-4902-b297-6c130d7a9ad4

ENM, *Former les magistrats à la justice environnementale* [en ligne], [consulté le 30 mai 2024]. https://www.enm.justice.fr/Dossier_Former_les_magistrats_a_la_justice_environnementale

ENM, *Justice environnementale : un nouveau cycle de formation continue* [en ligne], [consulté le 30 mai 2024]. https://www.enm.justice.fr/Dossier_justice-environnementale-un-nouveau-cycle-de-formation-continue#

ENM, *L'animal et le droit* [en ligne], [consulté le 30 mai 2024]. https://formation.enm.justice.fr/_layouts/15/OFL_Architecture/Pages/Formation.aspx?ControlMode=Display&List=7204d6c1-386e-442b-8cbc-6de445483e84&id=25910&QueryMode=Standard&Onglet=DroitActif&MotsCles=

ENM, *Les droits de l'environnement* [en ligne], [consulté le 30 mai 2024]. https://formation.enm.justice.fr/_layouts/15/OFL_Architecture/Pages/Formation.aspx?ControlMode=Display&List=7204d6c1-386e-442b-8cbc-6de445483e84&id=25911&QueryMode=Standard&Onglet=DroitActif&MotsCles=

ANNEXES

Annexe 1 - Organigramme du siège du TJ de Bordeaux (Janvier 2024)

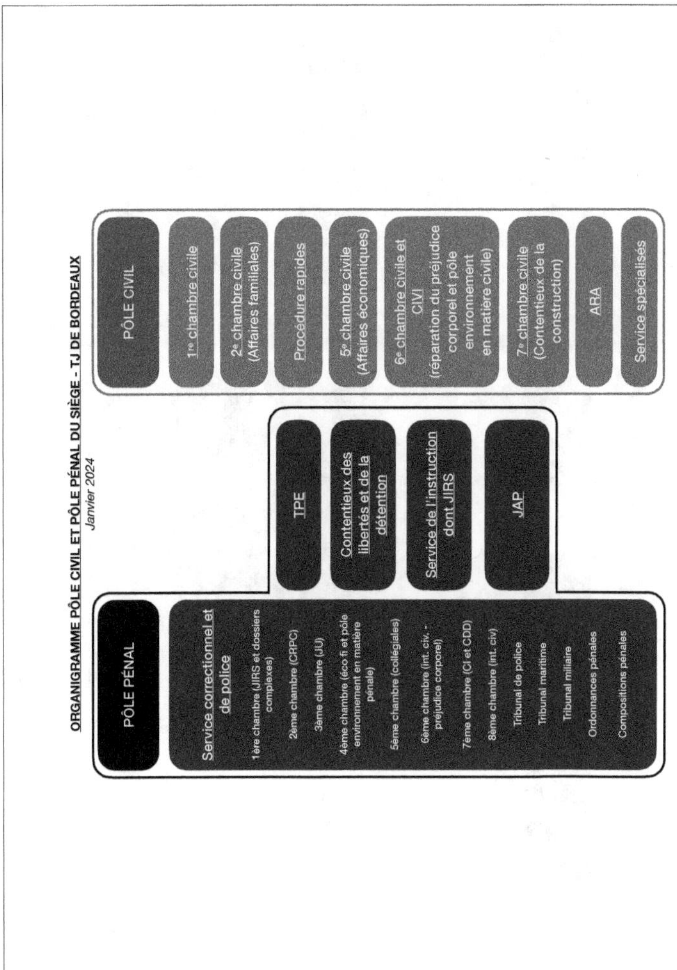

Annexe 2 - Organigramme parquet du TJ de Bordeaux (Janvier 2024)

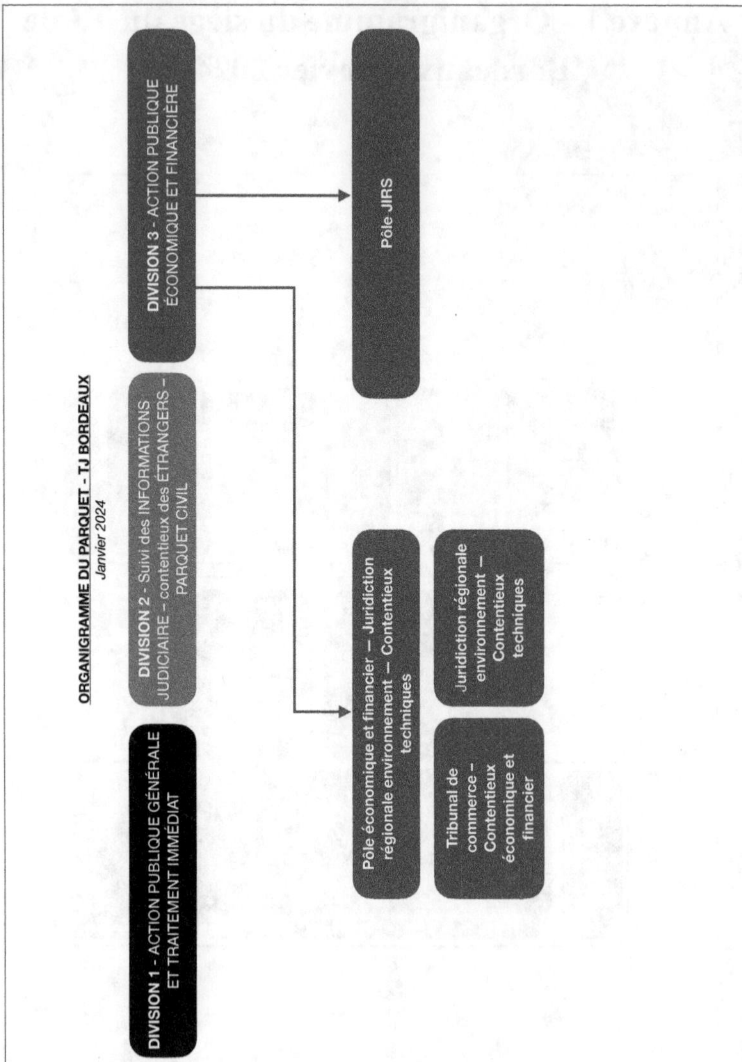

Annexe 3 - Organigramme parquet du TJ de Paris

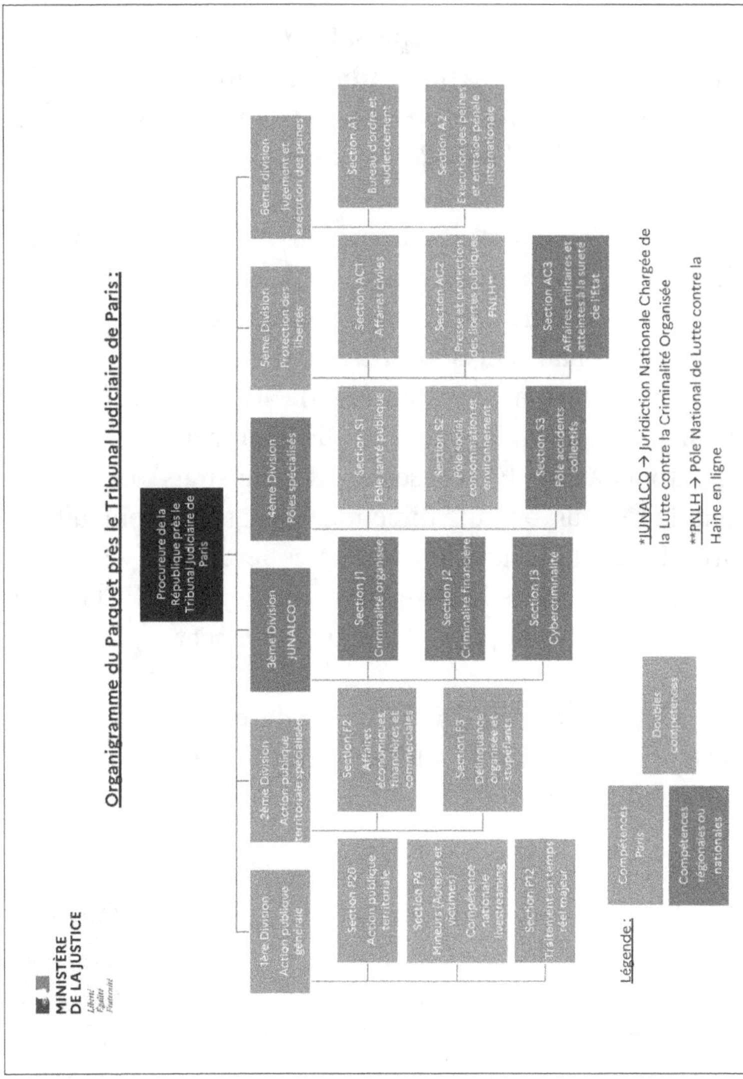

Annexe 4 - Entretien de Monsieur VIVER-DARVIOT (Substitut du procureur général) le 2 mai 2024 à Bordeaux

Q. : S'agissant de la « spécialisation informelle » qui relève de l'organisation administrative interne des tribunaux ; comment se concrétise-t-elle au tribunal judiciaire de Bordeaux ?

R. : […] D'un point de vue pénal […] pour les dossiers plus classiques, à Bordeaux, il y a un service spécialisé dans le parquet qui va traiter des questions environnementales et qui est lié au parquet ECOFI. Il y a plusieurs divisions au parquet de Bordeaux. C'est la division 3 qui traite de l'ECOFI, du commerce et de l'environnement. En ce sens, les magistrats du parquet vont faire leur travail, direction d'enquête, poursuite et suivi devant la juridiction ; et après le dossier va être en priorité orienté vers la chambre correctionnelle ECOFI qui traite aussi du droit pénal de l'environnement.

Q. : Cette chambre ECOFI est-elle celle de la section JIRS ECOFI ou celle d'une autre section indépendante ?

R. : C'est une section classique. Ça doit être la quatrième chambre et c'est une section de droit commun ECOFI.

Q. : Comment la juridiction de Bordeaux se positionne-t-elle par rapport à d'autres juridictions en matière de spécialisation dans les affaires environnementales ?

R. : […] Il y a Paris et Marseille qui ont des pôles santé publique et environnement. L'organisation de Bordeaux n'a rien d'exceptionnel : on la retrouve dans n'importe quel tribunal, plus ou moins étoffé, selon la taille de la juridiction. Bordeaux n'est pas en retard, mais n'est pas moteur sur l'environnement : il est assez classique sur l'environnement.

Q. : S'agissant des magistrats intégrés dans ces chambres ; se spécialisent-ils d'eux-mêmes en matière d'environnement ? Comment sont-ils sélectionnés ? Les convictions personnelles de chacun sont-elles prises en compte pour la composition de ces chambres ?

R. : C'est très compliqué parce que ça dépend de beaucoup de choses. Je peux vous dire ce que j'en connais d'un point de vue empirique. […] Dans le fonctionnement quotidien, il y a le monde idéal où celui qui a une appétence particulière en droit de l'environnement ou une formation particulière sera désigné pour ces dossiers au parquet ou au siège. Sauf que, ça ne fonctionne pas tout à fait comme ça. Suivant les juridictions — si elles sont attractives ou non —, les personnes restent longtemps ou il va y avoir beaucoup de *turnover*. Par exemple, si de façon caricaturale on prend la juridiction de Bordeaux — où les magistrats ne bougent pas beaucoup — et une juridiction du nord — dans laquelle il y a beaucoup de jeunes magistrats qui arrivent et d'autres qui repartent. Dans une juridiction comme Bordeaux, les postes spécialisés où on traite de l'environnement ne seront pas forcément donnés aux sorties d'école, mais seront plutôt donnés à des magistrats qui sont là depuis longtemps, parce que c'est un travail un peu moins rébarbatif et usant que la permanence. En ce sens, c'est quelque chose auquel on va aspirer, alors que la permanence, c'est un peu plus usant et on a envie de la quitter. Ainsi, pour schématiser quand on est arrivant à Bordeaux on va être à la permanence et au bout d'un moment on va pouvoir prétendre aux services spécialisés — que ce soit l'ECOFI, la JIRS ou l'environnement. Au final, ça va être un mouvement naturel qui va se faire au gré des années, mais qui ne va pas se faire par rapport à la compétence spécifique sur le contentieux de l'environnement. À l'inverse, pour une juridiction du Nord — qui est moins demandée et où il y a plus de jeunes magistrats qui vont rester moins longtemps (3 à 5 ans) — le choix va peut-être plus se faire sur la compétence. Par exemple, le procureur ou le Président va recevoir cinq nouveaux magistrats ; il va leur demander leur CV et la personne qui a plus la fibre familiale va aller au parquet mineur ou JAF et celle qui a la fibre environnementale va aller sur une chambre spécialisée en droit de l'environnement. Il y a donc des juridictions où il y a un *turnover* plus important et, où une sélection va être faite sur la motivation des magistrats et leur compétence. Alors qu'il y a d'autres juridictions où ça va être un moyen de gestion des ressources humaines où tout le monde passe par la permanence et ceux qui restent longtemps vont au bout d'un moment pouvoir prétendre à ces postes-là. Dans l'idéal ça se fera par rapport à leur compétence et leur appétence, mais parfois non.

[…]

S'agissant des permanences, quand je parle de moins « usantes » c'est parce que dans la permanence d'une grosse juridiction comme Bordeaux on passe de 9h à 18h à répondre à des coups de fil, avoir la pression, enchainer les dossiers ; dossiers qu'on ne suit pas forcément, ce qui est un peu frustrant, car on prend une décision d'action publique sur un dossier dont on n'entendra plus parler. C'est pour cela qu'au bout d'un moment on aspire à avoir un fonctionnement de cabinet où on peut suivre les dossiers et faire du droit plus réfléchi que dans l'urgence de la permanence. C'est bien d'y être confronté, mais c'est aussi bien d'en sortir.

[…]

S'agissant de la désaffection des collègues sur le droit de l'environnement, c'est parce qu'il y a un coût d'entrée assez important sur le droit de l'environnement et que globalement les magistrats français ne sont pas des magistrats spécialisés. En effet, on est plutôt généraliste et le droit de l'environnement est un droit extrêmement complexe avec un nombre de normes à maitriser incroyable. Ce sont des dossiers sur lesquels on peut avoir un *a priori* en se disant que ça va être compliqué, long, sans compter les injonctions de la politique pénale. En effet, quand on est au parquet, on a une pression, notamment pour le contentieux de violence conjugale. […] À ce sujet, quand on met en place une politique pénale, on fait des choix d'orientation et dans les faits les statistiques vont très vite changer et il va y avoir des résultats. L'environnement pendant très longtemps était placé sous silence, il n'y avait pas de moyen du côté des enquêteurs. Il y avait des dossiers et on ne savait pas quoi en faire parce qu'il y avait une multitude d'interlocuteurs qu'on ne connaissait pas forcément et qui ne nous connaissait pas forcément. On ne connaissait pas non plus les façons de travailler. En ce sens, ça demandait un premier investissement pour aller à la rencontre de toutes les personnes avec qui on allait devoir interagir et créer des liens. De plus, s'agissant des enquêtes environnementales, les enquêteurs vont mettre sur une pile de leurs dossiers « pas prioritaire » et donc on ne sait jamais quand le dossier va sortir. De plus, face à cela, on a des avocats qui sont extrêmement spécialisés et pointus. [...] À l'audience, on va être tout seul à défendre le dossier, sur des règles qu'on maitrise plus ou moins, avec des collègues du siège qui ne vont pas les connaitre forcément et vont ainsi être aussi en difficulté. Comme c'est quelque chose sur laquelle on n'a pas l'habitude, on ne va pas savoir quelle va être la bonne réponse pénale. Est-ce que la bonne réponse c'est condamner à une remise en état, est-ce que c'est condamner à une amende, ou est-ce que c'est condamner à de la prison ? On va nous opposer que dans une même audience, il y a quelqu'un qui a mis des coups à sa femme en présence de leur enfant de deux ans, et que ce n'est pas proportionné de requérir deux fois plus pour un rejet d'eau usée dans une rivière. Le contentieux environnemental souffre d'un problème de culture. On ne sait pas comment aborder ces dossiers, on ne sait pas avec qui les aborder, les enquêteurs ne sont pas forcément mobilisés là-dessus ; même si c'est en train de changer. À l'audience, on est vite perdu sur le sens de la peine, sur la sanction. C'est pour cela que ça demande un énorme investissement d'acculturation, d'appropriation des techniques et de mobilisation par rapport à toutes les contraintes qu'on peut avoir au vu des moyens de la justice. Sur 100 dossiers, la moitié est consacrée au VIF (c'est la réalité de la juridiction en ce moment et là où on doit mettre les moyens) et l'environnement va prendre une toute petite part. Mais, pour cette toute petite part, l'investissement pour pouvoir traiter ces dossiers est énorme. C'est pour ça qu'il y a naturellement une tendance à les mettre de côté. C'est regrettable ; un changement de culture doit s'opérer et il se fait avec les nouvelles générations de magistrats. [...] Petit à petit les choses vont se mettre en place. Il va y avoir de grandes lois comme celles de décembre 2020, mais c'est surtout sur le terrain avec les bonnes volontés que petit à petit les choses vont changer.

Q. : Est-ce que dans les juridictions de droit commun le contentieux environnemental se retrouve noyé parmi les autres dossiers et en ce sens est-ce qu'une hiérarchie s'opère entre les dossiers prioritaires — par exemple le contentieux VIF — par rapport au contentieux environnemental ?

R. : C'est caricatural, mais ce sont des écueils sur lesquels on peut tomber. Si on prend un exemple, imaginons un magistrat du parquet plein de convictions sur l'environnement. Il va être très moteur, il va monter un dossier, il va voir l'OFB et les inspecteurs de l'environnement pour être bien au point avec eux. Pour que ça fonctionne jusqu'au bout, il va devoir aller à l'audience, demander aux inspecteurs OFB de témoigner pour pouvoir répondre aux éléments et porter le dossier jusqu'au bout.

Même si j'aime le droit de l'environnement, et même si j'ai toujours essayé de me mobiliser là-dessus à l'occasion de mes différents postes, je ne prétends pas être spécialiste. En effet, le droit de l'environnement pour le parquet va être la gestion des zones humides, les inspections d'installations classées, etc. [...] Si on ne le fait pas au quotidien, on peut vite se prendre les pieds dans le tapis sur une norme qui a changé ou autre. Aussi, à l'audience, face au procureur, il va y avoir un avocat qui aura bossé sur ce seul dossier, qui fait du contentieux environnemental quotidiennement et donc va pointer les éléments qui posent problème.

Si le procureur est seul, le dossier peut complètement s'écrouler. C'est pour ça que c'est bien de faire venir les inspecteurs qui eux vont pouvoir venir au soutien du procureur et contrer les faux arguments de l'avocat si par exemple une règle a été réformée. En ce sens, le procureur est obligé d'anticiper, de blinder son dossier, notamment du point de vue de l'enquête (en faisant enquêter les OPJ avec les inspecteurs de l'environnement). Aussi, il faut faire venir l'inspecteur de l'environnement à l'audience pour batailler, répondre et être au point en montant un dossier avec les inspecteurs de l'OFB. Cela permet de donner le dossier clef en main aux juges de la juridiction (qui bien souvent sont encore moins habitués que les magistrats du parquet à ce type de contentieux).
Par exemple, si un agriculteur qui a un fossé correspondant à une zone humide, pour faire passer son tracteur plus facilement, bouche le fossé par un pont de fortune avec un tas de gravats. Le bon sens veut dire qu'il suffit d'enlever le tas de gravats et petit à petit la biodiversité va revenir. Toutefois, il y a des cas de figure ou c'est pire que tout et il vaut mieux attendre que la nature reprenne ses droits : ne pas corriger une bêtise par une nouvelle bêtise. Cependant, si cela n'a pas été préparé dans le dossier en amont, on ne peut être entendu à

l'audience. Il y a plein d'écueils pour mener à bien un dossier : être entendu dans un premier temps et après obtenir une décision idéale du point de vue de l'environnement dans un deuxième temps. Il y a plein de pré requis et d'anticipation qui, quand on a l'habitude — quand on est devant une juridiction spécialisée —, sont naturels et se font tout seuls. Mais, quand c'est le dossier du trimestre qui tombe, c'est chronophage et le quotidien d'un magistrat n'est pas compatible avec ce genre de démarche.

Q. : Il y a un certain nombre de services d'enquête spécialisée en matière environnementale qui ont des prérogatives de police judiciaire. Est-ce utile d'être un magistrat spécialisé pour diriger et contrôler opportunément ces enquêtes et services d'enquêtes spécialisées ?

R. : C'est mieux, mais ce n'est pas indispensable, parce que c'est tellement vaste que c'est impossible. On ne peut pas être spécialisé en tout. Pour parler du droit pénal de l'environnement [...] ce qui est important pour un magistrat du parquet qui va diriger ces enquêtes c'est surtout d'être au clair sur [...] ses interlocuteurs pour savoir à qui faire appel et saisir le bon service. Parce qu'après dans la pratique, si on saisit l'OFB, on ne va pas dire à l'OFB que c'est telle norme qu'il faut appliquer et que c'est telle norme qui a été violée [...]. Ce n'est pas les parquetiers qui vont les soutenir là-dessus. Les parquetiers vont être utiles pour mettre en musique la procédure. Or, au final, entre mettre en musique la procédure sur ce type de dossier ou sur un autre c'est la même chose ; on a besoin des mêmes éléments de preuve. C'est certain qu'il va falloir une finesse particulière sur les dossiers environnementaux, mais *grosso modo* la conduite d'enquête va être quasiment analogue. Il y a quelques procédures particulières avec notamment le référé environnement sur lequel la spécialisation est utile. En toute hypothèse, c'est certain que la spécialisation c'est toujours mieux. Mais, il ne faut pas imaginer que quand on parle de spécialisation d'un magistrat, ça va être pour se substituer à la technicité des enquêteurs. Ça va plutôt être la capacité de savoir qui fait quoi en matière environnementale afin d'avoir une petite habitude de ce type de dossier et savoir quels sont les éléments de preuve un peu originaux qui sont utiles. Ça va également être de connaitre quelques règles de procédures particulières qui s'appliquent et être en mesure de faire vivre le dossier à l'audience (savoir quel type de peine il faut requérir). En ce sens, il y a une utilité à la spécialisation par ce biais-là, mais il ne faut pas imaginer la spécialisation comme l'institution d'un spécialiste du droit de l'environnement.

[…]

Q. : En quoi la connaissance du contentieux est essentiel à l'effectivité de la réponse pénale ?

[…] Les enquêteurs savent recueillir des preuves, mener un interrogatoire, entendre une victime, etc. Mais, après, ce qui va se passer à l'audience, ils ne savent pas comment cela fonctionne, sur quoi le tribunal va s'appuyer, ce qui va être discuté par les avocats de la défense ou de la partie civile, etc. Le travail du procureur c'est justement parce qu'il sait ce qui se passe à l'audience (c'est lui qui va à l'audience et c'est lui qui va soutenir le dossier), qu'il sait ce qui est nécessaire pour le dossier. Il sait qu'une confrontation est indispensable, qu'une simple conviction ne suffit pas et que ce n'est pas parce qu'il y a des aveux que ça va suffire (il peut avoir reconnu en garde à vue et dire le contraire à l'audience).

Par exemple, dans le contentieux spécialisé, l'OFB va voir un agriculteur qui a versé des gravats et coquilles d'huitre pour boucher le cours d'eau ; ils savent que c'est lui (il reconnait les faits), ils le connaissent et l'ont déjà rappelé à l'ordre plusieurs de fois. L'OFB décide donc de saisir le tribunal. […] Cependant, à l'audience — si on n'a pas fait d'étude d'impact pour savoir pourquoi c'est embêtant d'avoir déversé deux remorques dans ce cours d'eau ; si on n'a pas repris les mesures informelles administratives (rappel à l'ordre) prises par ailleurs […] — ils vont se présenter devant le procureur et il va de nouveau y avoir un rappel à la loi ou une petite amende avec sursis. Or, si le procureur prend justement le dossier en amont et explique aux inspecteurs de l'environnement comment ça se passe devant le tribunal : qu'il faut tel élément de preuve, qu'il faut dire qu'il y a déjà eu des avertissements, qu'il faut dire les raisons pour lesquelles ça met en péril la biodiversité ; […] une fois arrivé devant le tribunal, ça a un impact sur la décision (culpabilité ou sens de la peine adéquat aux enjeux environnementaux). […]

Q. : Comment sont traitées les « petites infractions environnementales » par les juridictions ?

R. : Il y a deux niveaux à la spécialisation. En effet, ce qui peut poser problème par rapport à la vision que les magistrats ont de l'environnement, c'est que dès qu'on parle de l'environnement, on pense tout de suite aux gros dossiers compliqués avec des enjeux environnementaux énormes (par exemple *Erika*). Mais, paradoxalement, ce sont les dossiers qui sont les mieux pris en charge parce que c'est justement le pôle parisien ou marseillais — qui a l'habitude — qui va prendre en main les choses (que ce soit le parquet, l'instruction ou le jugement). Ils ont des assistants spécialisés, ils savent qui saisir et les décisions à la fin sont satisfaisantes. Là où ça pose problème, c'est plutôt les atteintes à l'environnement du quotidien. Sur ce point, il y a un gros travail de démystification à faire. En effet, ces dossiers ne sont pas si particuliers. C'est mieux d'être spécialisé, mais ce n'est pas indispensable. En ce sens, il y a deux degrés de spécialisation puisqu'il y a des besoins de magistrats ultras spécialisés, d'autres moyennement spécialisés (qui vont pouvoir être dans les pôles régionaux environnementaux) ; mais ce qui serait l'idéal c'est que tous les magistrats aient un vernis pour être sensibilisés à l'environnement. En effet, ce dernier niveau de spécialisation permettrait aux magistrats, pour des dossiers qui de prime abord ne valent pas grand-chose (car c'est l'OFB qui signale un petit truc), d'identifier qu'il se cache derrière, un plus gros problème, avec des enjeux environnementaux importants. Ainsi, si les magistrats sont en mesure de voir qu'il y a quelque chose de plus important, ils peuvent éventuellement se dessaisir au profit du PRE. Cela pourrait permettre de rendre véritablement efficace l'architecture avec les atteintes de l'environnement au quotidien bien traitées, les atteintes à l'environnement moyennes orientées vers le PRE et les plus grandes atteintes orientées vers les pôles spécialisés. C'est pour ça qu'il y a la spécialisation, mais il faudrait aussi qu'il y ait une sensibilisation générale offerte à tous les magistrats.

Q. : Que pensez-vous d'une nouvelle réforme de la spécialisation des juridictions en matière environnementale ?

R. : […] On a enchainé beaucoup de réformes et au final c'est bien aussi d'attendre de voir si elles fonctionnent ou pas avec les pôles régionaux par exemple. On n'a pas encore beaucoup de recul et partir sur une nouvelle réforme ça me parait compliqué.

Q. : Que pensez-vous d'une juridiction environnementale spécialisée à la fois civile et pénale ou administrative et judiciaire ?

R. : Sur la fusion des ordres de juridictions, pourquoi pas, mais c'est […] une révolution tellement profonde que ça me parait assez périlleux de se fonder là-dessus. […] C'est Vincent Delbos qui a participé au rapport « une justice pour l'environnement » en 2019 qui, je crois, a posé cette question. Il posait également la question de créer — à l'image d'un défenseur des droits — un défenseur pour l'environnement inspiré de ce qui se fait dans les pays scandinaves. Il représenterait l'environnement et serait en mesure de mettre en mouvement l'action publique pour défendre l'environnement. Peut-être qu'il vaut mieux passer par de la simplification que tout remettre à plat pour les ordres de juridictions.

Sur la fusion civile et pénale pourquoi pas, mais il faut voir ce qu'on met derrière. C'est aussi ça le problème du droit de l'environnement c'est que c'est tellement varié : où est-ce qu'on met la limite ? Tout peut avoir un impact environnemental. Au bout d'un moment il faut limiter. Contrairement au droit de l'environnement, le juge des enfants par exemple dispose d'un domaine assez facile à circonscrire.

Q. : Comment se passent les formations au contentieux environnemental proposées par l'ENM en formation initiale ? Ces formations sont-elles accessibles aux magistrats en poste et comment s'organisent-elles ?

R. : Pour les magistrats déjà en poste, il y a plus de difficulté, car ça relève de la bonne volonté de chacun : est-ce qu'ils veulent suivre des formations sur le droit de l'environnement ou pas ? Personne ne peut les y obliger. L'école en propose depuis un moment. [...] Il y a des formations qui ont disparu faute de candidats, mais récemment ils ont mis en place un cycle un peu plus suivi. [...] C'est un cycle de 5 modules de deux ou trois jours qui permet de quasiment spécialiser des magistrats en droit de l'environnement que ce soit au civil comme au pénal.
S'agissant, de la formation initiale [...] l'ENM a mis en place de plus en plus d'éléments sur la formation à l'environnement, sans beaucoup de mérite, car c'était déjà une demande des auditeurs. [...] Mais, ce qui est évoqué dans le rapport, c'est que l'école est supposée former des magistrats généralistes, opérationnels au 1er septembre à la fin des 31 mois de formation. Et, quand on voit tous le spectre et éléments qu'un jeune magistrat doit maitriser à son entrée en fonction, rapportée au nombre de dossiers environnementaux qu'il va avoir à traiter, on est obligé de faire des choix, et [...] on ne peut pas donner à

l'environnement plus d'importance qu'il faudrait. Donc, c'est l'idée de donner un vernis qui permet d'avoir les bons réflexes, savoir à qui s'adresser, savoir quel grand mécanisme mettre en œuvre, et après charge à chacun de se spécialiser sur le tas quand il est en fonction suivant le poste dans lequel il atterrit.

Q. : Quel est le rôle des magistrats référents environnement ?

R. : Le référent environnement chapeaute le service environnement au parquet (il réceptionne les dossiers en matière d'environnement), il anime le pôle régional environnement de Bordeaux (qui est fixé au TJ de Bordeaux, mais qui enveloppe le ressort de la CA) et c'est lui qui reçoit les dossiers et les traite (tant pour le PRE que pour le parquet classique).

La mission de référent, c'est surtout la mission d'animation. Pour le PRE c'est le référent qui va être le point d'entrée des autres TJ. En effet […], les critères sont tellement complexes à mettre en œuvre que peut-être le procureur d'Angoulême n'a pas la même lecture que la procureure de Bordeaux sur la question de savoir ce qui relève ou non du PRE suivant la complexité du dossier et les enjeux environnementaux qu'il cache. Ainsi, le procureur d'Angoulême ne va pas s'adresser à la procureure de Bordeaux, mais au référent environnement (même si en pratique il fera valider la décision par la procureure de Bordeaux). Le référent environnement est l'interlocuteur des magistrats des autres juridictions infrapôles et de tous les intervenants en matière environnementale (services de la préfecture, OFB, parcs naturels, etc.). […] Mais, surtout c'est le référent environnement qui va animer le COLDEN. Le COLDEN c'est un peu comme les CODAF […] qui sont co-présidés par un procureur et le préfet et permettent une fois par an de réunir tout le monde (inspecteur du travail, URSAF, impôts, etc.) afin de déterminer des objectifs de lutte contre le travail illégal. Plusieurs parquets s'en sont inspirés — notamment le parquet de Fort-de-France — sur la matière environnementale. Le COLDEN permet de mettre autour de la table les services de la préfecture, les procureurs, les agents dotés de compétences en police judiciaire de l'environnement, pour faire un partage d'information afin que tout le monde dispose d'un même degré d'information et déterminer les priorités. Par exemple, le COLDEN va décider que telle année, on va plutôt lutter contre la pollution de l'eau, la protection de la forêt, des animaux, etc. Il va déterminer des opérations communes (par exemple faire une opération sur le littoral pour contrôler tous les plaisanciers et vérifier comment ils vidangent) […]. C'est né de la pratique et ça a été formalisé par la loi de décembre 2020 et ce sont les référents environnement qui vont animer ce type de réunion.

[…]

Q. : S'agissant de la spécialisation, la spécialisation régionale est-elle plus adaptée que la spécialisation nationale ?

R. : L'aspect spécifique de chaque région offre des contentieux particuliers et le contentieux environnemental dans les Vosges est différent de celui du Bassin. De plus, il y a une question de proximité avec les inspecteurs de l'environnement. Il y a un côté précieux sur la remontée d'infos, les échanges et la direction d'enquête. Si à chaque fois les agents, inspecteur de l'environnement du Pays basque doivent avoir en interlocuteur des Parisiens — qu'ils ne voient jamais et qu'ils ne connaissent pas du tout — le lien ne se fera pas naturellement, ils n'auront pas la même sensibilité sur les enjeux des uns et des autres. C'est donc mieux d'avoir une certaine proximité régionale.

[...]

Q. : Le contentieux environnemental n'est pas un contentieux classique ; il y a beaucoup d'administrations qui entrent en jeu, elles ont toutes des noms à rallonge et changent au fil des années. La spécialisation des juridictions par la présence des assistants spécialisés permet-elle dans ces domaines de mieux identifier les interlocuteurs ?

[...]

R. : Au-delà de la spécialisation, il faudrait un magistrat dédié. Il faudrait qu'il ne fasse que ça. Au vue des années qui nous attendent d'un point de vue environnemental, on ne pourra pas faire autrement : ce contentieux ne va faire qu'exploser. Jusqu'à maintenant il y a plein de choses qui passent sous les radars.

Q. : On constate un pourcentage élevé d'alternatives aux poursuites dans le contentieux environnemental, qu'en pensez-vous ?

R. : « Les alternatives aux poursuites en matières environnementales » ; il faudrait en faire un mémoire. Il y a des dossiers qui le méritent et d'autres qui ne le méritent absolument pas. Ce qui est pratique avec les alternatives aux poursuites c'est que le parquet a la main dessus et si on cherche des magistrats spécialisés en matière environnementale c'est surtout au parquet qu'on va les trouver et moins du côté du siège. Souvent, quand on décide de poursuivre, ce qui fait peur au parquet c'est qu'on ne sait pas du tout ce que ça va donner devant le tribunal : c'est un peu la loterie. Si on fait une alternative aux poursuites au moins [...] on peut border vers quoi on s'oriente. Après, il faut savoir ce qu'on met derrière. Si c'est une alternative aux poursuites un peu « bidon » avec de petites amendes, c'est donner un signal plutôt négatif. C'est l'idée d'une sous justice qui va vite certes, mais pour une peine qui n'est absolument pas à la hauteur des enjeux. Après si c'est une alternative aux poursuites enrichie avec un aspect pédagogique, une remise en cause, un engagement sur le long terme de la personne, ça devient un peu plus intéressant. La CJIP est à développer [...]. Les alternatives aux poursuites c'est bien pour les atteintes à l'environnement du quotidien afin qu'il y ait un premier *step*. Après s'il y a une réitération, il faut basculer sur autre chose [...].

Q. : La présence de ces alternatives aux poursuites ne peuvent-elles pas être perçues comme le témoignage d'une justice « au rabais » ?

R. : Le Procureur général de Bordeaux est très moteur sur les alternatives aux poursuites et il appelle ça les « alternatives aux poursuites à fort contenu » afin de les distinguer des alternatives aux poursuites « bidon » où on fait amende honorable devant un délégué du procureur avant de passer à autre chose. […] Les alternatives aux poursuites […] parce qu'on ne sait pas quoi faire ça n'est pas bon. Toutefois, les alternatives aux poursuites « à fort contenu » où on met quelque chose derrière […] pour les dossiers à faibles enjeux, ça peut avoir un intérêt. Il faut donc distinguer les alternatives aux poursuites quand on ne sait pas quoi faire d'autre […] et les vraies alternatives aux poursuites.

[…]

L'OFB va faire plein de procédures administratives avec plein de rappels à l'ordre d'un point de vue administratif ; ils vont gérer ça en interne avec éventuellement le préfet. Au bout d'un moment [si l'agriculteur] n'écoute pas, on va voir le procureur. Mais, si dans la procédure ils n'actent pas qu'ils ont fait des rappels à l'ordre administratif, des injonctions de faire et qu'ils vont voir un procureur non spécialisé : il ne sera pas forcément attentif là-dessus et il va se dire que c'est une première fois. Donc, il va faire un rappel à l'ordre aussi. [Alors que le magistrat spécialisé] va prendre la mesure du dossier et au lieu de faire une alternative aux poursuites va tout de suite basculer vers le tribunal, car il aura étoffé le dossier pour avoir une vraie peine. […] Si le procureur n'a pas l'habitude […] il y va avec un dossier soit trop fragile pour aller à l'audience, soit il s'en tient à un nouveau rappel à la loi.

Q. : Une partie du contentieux environnemental échappe aux juridictions judiciaires du fait que les infractions peuvent être réglées administrativement.

Quel est le rôle de l'administration et du préfet dans le contentieux environnemental ?

R. : Le préfet a autorité dans un grand nombre de services qui ont des compétences de police judiciaire en matière environnementale. Il y a beaucoup de services préfectoraux et directions divers et variés. Il y a d'autres organismes comme l'OFB qui de plus en plus ont des comptes à rendre auprès du préfet. Souvent c'est le préfet qui va donner des orientations de contrôle. Par exemple dire que cette année les agriculteurs ne vont plus être contrôlés parce qu'en ce moment ils bloquent toutes les autoroutes. En donnant ces instructions, ils coupent le robinet des procédures. […] Le préfet dans son travail de direction des administrations étatiques va voir les choses de manière moins indépendante que le parquet [qui] est à part par rapport aux intérêts financiers environnementaux. Alors que le préfet est comptable de l'ordre public économique. Par exemple, si une entreprise est la plus grosse employeuse du département et déverse des produits chimiques dans une rivière […] et que le dirigeant menace le préfet de fermer l'usine et partir dans un pays moins regardant (il y aura 10 000 licenciements). Donc, le préfet ne va peut-être pas faire le contrôle ou il va s'arranger différemment parce qu'il est comptable d'autres enjeux que le procureur.

[…]

Pour revenir sur le débat de la fusion de l'ordre administratif et de l'ordre judiciaire, peut être que ce qui serait le plus porteur c'est de remettre à plat les compétences du préfet et les compétences du parquet afin de faire en sorte que toutes les administrations qui ont des compétences de police judiciaire ne dépendent que du procureur dans ce domaine là et que ce soit le procureur qui ait vraiment la main sur les effectifs et l'orientation des contrôles. Petit à petit on y gagne […] notamment avec les COLDEN, mais ce n'est absolument pas opérationnel. Si le préfet […] n'a pas du tout de sensibilité sur l'environnement ou s'il prend pour X ou Y raisons des orientations différentes : le parquet n'aura pas les procédures.

Q. : Comment le siège traite-t-il les questions juridiques liées à l'environnement, et comment la spécialisation pourrait-elle influencer la réponse pénale et la sanction dans ce domaine spécifique ?

R. : […] Le siège va être face à des difficultés. Quand c'est une question juridique, n'importe quel magistrat est capable de la surpasser parce qu'il est généraliste. On n'est certes pas spécialisé en droit de l'environnement, mais pas non plus en droit des marques. Il y a toujours des niches sur lesquelles on est confronté à un moment T de sa carrière et sur lesquelles il faut un peu plus chercher et où on ne peut pas prendre pour argent comptant ce que dit le parquet ou la défense. […] Les magistrats du siège en matière environnementale peuvent tout à fait le faire.

Là où la spécialisation peut avoir un avantage, c'est sur la hiérarchie de la réponse pénale et de la sanction. C'est là où on a le plus de progrès à faire. Effectivement, soit on fait une seule audience en droit de l'environnement […] ; soit les dossiers sont noyés au milieu des agressions sexuelles et là effectivement il y a une hiérarchie.

[…]

On dirait que l’audience pénale de la 2e semaine de mai — par exemple — ne serait que pour les dossiers du pôle environnement ou que des « dossiers environnement » si on est dans un infrapôle.

Q. : S’agissant de ces audiences, est-ce que celles du pôle régional spécialisé en droit de l’environnement sont plus régulières ?

R. : […] Je crois qu’il n’y a pas eu d’audience encore dans le PRE. Il y a des enquêtes en cours. Sinon, c’est le même fonctionnement que la JIRS : il y a un parquet spécialisé, un juge d’instruction spécialisé et après une formation de jugement qui sera réuni quand il y aura un dossier en état. […]

Q. : Lorsque ce dossier arrivera devant une formation de jugement ; ne sera-t-il pas noyé au milieu des autres contentieux ou y aura-t-il une audience dédiée pour ce contentieux ?

R. : Oui parce que c’est une formation spéciale comme la JIRS. La JIRS utilise des habilitations et tous les magistrats ne peuvent pas siéger devant la JIRS. […] Si on compare à la JIRS, tout parquetier n’est pas habilité à plaider devant la JIRS et ils doivent être habilités par le procureur général […].

Q. : Est-ce que la spécialisation passe d’abord par de la sensibilisation au droit de l’environnement ?

[…]

Pour les parquetiers, afin de bien porter le dossier pour les collègues du siège, il faut être sensibilisé aux enjeux environnementaux. Dans le planning du « cycle environnement » à l'ENM, il y avait pas mal de modules où ce n'était pas simplement la technique (parce que les formateurs considèrent qu'on ne peut pas faire des magistrats des spécialistes du droit de l'environnement), mais au moins savoir ce que sont les zones humides, les espèces en danger, pourquoi les protéger et les enjeux.

[…]

Les auditeurs sont des élèves brillants, ils ont réussi le concours, quand on leur explique quelque chose, ils le comprennent très vite. Là où ils sont moins bons, c'est sur la peine. Ils ne savent pas […]. Mais, c'est normal, parce que c'est quelque chose qui est très compliqué à manier. La hiérarchie des peines, savoir quel type de peine, le quantum, etc., c'est très compliqué. On met une carrière pour le faire sur un contentieux de droit commun donc sur le droit de l'environnement où on va avoir un dossier par semestre c'est très dur de pouvoir savoir quels sont exactement les enjeux et comment y répondre de manière efficace du point de vue de la peine.

INDEX ALPHABÉTIQUE

Les chiffres renvoient aux numéros des paragraphes
« Titres noyés »

D

E

F

G

H

I

R

S

T

U

V

TABLE DES MATIÈRES

Structures éditoriales du groupe L'Harmattan

L'Harmattan Italie
Via degli Artisti, 15
10124 Torino
harmattan.italia@gmail.com

L'Harmattan Hongrie
Kossuth l. u. 14-16.
1053 Budapest
harmattan@harmattan.hu

L'Harmattan Sénégal
10 VDN SICAP AMITIE 3
BP 45034 Dakar-Fann
direction@senharmattan.com

L'Harmattan Congo
219, avenue Nelson Mandela
BP 2874 Brazzaville
deunovmikhael@gmail.com

L'Harmattan Mali
Immeuble Mgr Jean Marie Cissé
Aci Hamadallaye
BP 145 Bamako
syllaka@yahoo.fr

L'Harmattan Burkina Faso
Villa 281, secteur 23 623, rue 14.32
Ouagadougou
zagbie@outlook.fr

L'Harmattan Togo
Djidjole – Maison Amela
face EPP BATOME
02 BP 20680 Lomé
didieramela11@gmail.com

L'Harmattan Guinée
Almamya, rue KA 028 OKB Agency
BP 3470 Conakry
harmattanguinee@yahoo.fr

L'Harmattan Côte d'Ivoire
Résidence Karl – Cité des Arts
Abidjan-Cocody
03 BP 1588 Abidjan
harmattan.ivoire@gmail.com

L'Harmattan RDC
185, avenue Nyangwe
Commune de Lingwala – Kinshasa
matangilamusadila@yahoo.fr

L'Harmattan Bénin
Rue 604, (Immeuble à l'entrée
de la rue UCAO- Cite de Saint-Jean)
Cotonou
stepcorpus@gmail.com

Nos librairies en France

Librairie internationale
16, rue des Écoles
75005 Paris
librairie.internationale@harmattan.fr
01 40 46 79 11
www.librairieharmattan.com

Librairie des savoirs
21, rue des Écoles
75005 Paris
librairie.sh@harmattan.fr
01 46 34 13 71
www.librairieharmattansh.com

www.ingramcontent.com/pod-product-compliance
Lightning Source LLC
LaVergne TN
LVHW011303061026
849535LV00005B/1373